1299
28978

Saint Geran

28,978

FACTVM,

POVR MADAME LA COMTESSE

DE

SAINT GERAN.

Par Monsieur BILAIN, Advocat au Parlement.

A PARIS,

Chez LOVIS BILLAINE, au Palais, au second
Pilier de la grand' Sale, à la Palme, & au
Grand Cesar.

M. DC. LXIII.

AVEC PRIVILEGE DV ROY.

LE LIBRAIRE
au Lecteur.

YANT cy-devant imprimé vn Recueil des Plaidoyers de Monſieur Pouſſet Sieur de Montauban, entre leſquels il ſe rencontre celuy qu'il a fait pour la Damoiſelle de Beaulieu, contre Monſieur le Comte de S. Geran, & Madame la Comteſſe ſa femme ; I'ay creu qu'il eſtoit à propos pour la ſatisfaction du Public, de l'inſtruire plus amplement du ſujet de cette illuſtre cauſe ; ce qui ne ſe peut pas mieux que par les Factums qui ont eſté depuis peu produits de part & d'autre : Ils viennent d'aſſez bonne main pour n'eſtre pas ennuyeux à ceux qui les voudront lire, & ie les donne ſur les exemplaires qui en ont eſté recouurez, le plus exactement qu'il m'a eſté poſſible, & autant que la promptitude de cette Impreſſion l'a pû permettre.

FACTVM,

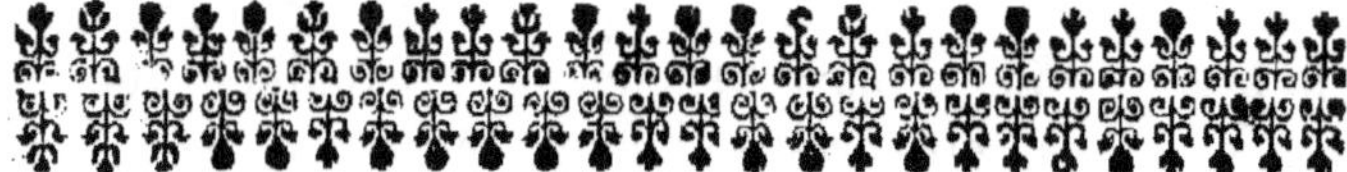

FACTVM,

POVR Dame Suzanne de Longaunay , vefue de Mre Claude de la Guiche Chevalier des Ordres du Roy, Comte de S. Geran , la Paliſſe, Ialigny & autres lieux , Lieutenant General des Armées du Roy, Gouverneur, Mareſchal & Senechal des païs & Duché de Bourbonnois , Tuttrice de Mre Bernard de la Guiche fils dudit deffunt & d'elle, tant en ſon nom, que comme ayant repris le procez au lieu dudit deffunt Seigneur de S. Geran , demandereſſe & accuſatrice , intimée & appellante.

CONTRE Marie Pigoreau vefue de Iacques de Beaulieu Maiſtre en fait d'armes, & autres ſes complices , deffendeurs accuſez.

ET Dames Marie de la Guiche vefue de Meſſire Charles de Leuy Chevalier des Ordres du Roy , Duc de Ventadour , Pair de France, Gouuerneur de Limouſin : Et Eleonor Renée de Boüillé femme authoriſée par iuſtice à la pourſuitte de ſes droits , au refus de Meſſire Henry de Daillon Comte de Lude , Cheualier des Ordres du Roy , premier Gentilhomme de ſa Chambre , appellantes & intimées.

SI le ſoin tout particulier que la Prouidence diuine a pris de conſeruer l'Enfant de la Dame de Saint Geran , ne ſuffit pas pour perſuader abſolument la iuſtice de ſa cauſe , & qu'apres les rencontres preſque miraculeuſes, dont cette Hiſtoire eſt pleine, en ſa faueur , il ſe trouue

A

encore quelqu'vn qui fasse scrupule de croire qu'elle en soit
la Mere ; qu'il se represente seulement combien d'outrages elle a soufferts depuis plusieurs années pour la deffence de cette verité ; il iugera facilement qu'vn amour si constant ne peut estre autre que celuy d'vne Mere ; qu'vne patience si admirable ne peut proceder que d'vne vertu con-
sommée, & qu'vn courage si inflexible n'a pû estre animé
que de Iustice & de Verité.

Voicy bien-tost la vingt-deuxiesme année que cette
Dame infortunée se consume en pleurs & en larmes, pour
la recherche & pour la conservation de ce cher Enfant :
Elle a veu mourir son Mary dans la poursuitte de ce procez ;
elle s'est veuë la butte de toutes sortes de calomnies : En vn
mot, si son amour auoit esté de cette matiere fragile, qui
forme les affections d'interest ou de passion dans le monde,
il y a long temps qu'elle se fust rebuttée : Mais comme il
est d'vne trempe toute celeste, & puisé des plus viues sour-
ces de la Nature, il se renforce dans les douleurs, de mesme que les precieux Metaux s'afinent dans le feu ; & sa fermeté doit aujourd'huy servir comme d'vne touche infaillible, par laquelle on peut s'asseurer qu'il est au tiltre de la Nature, & non point de la suposition.

L'artifice a beau se deguiser, il y a tousiours de certains
traits dans la verité que le mensonge ne peut imiter : la
Constance, la Force, la Patience sont pour ainsi dire, les
principaux lineaments de la Diuinité dans cette Image viuante, qu'elle se taille sur la terre en la personne des Peres
& des Meres ; & malgré tous les voiles de la supposition,
on connoistra tousiours aisément la maniere de ce Souuerain
Sculpteur, à ces traits de vertu que la verité ne peut contrefaire, & qu'il s'est reserué comme Autheur de la Nature, pour l'honneur & pour la distinction de son chef-d'œuure. Mais apres tout, ce n'est point à ces seules marques
que la Dame de Saint Geran pretend aujourd'huy se faire
declarer Mere de l'Enfant qui luy est contesté, le Ciel par
sa sagesse a d'ailleurs tellement preparé l'ouurage de cette
grande reconnoissance, qu'il ne reste plus, ce semble,
qu'à le proclamer. La Sage-Femme qui auoit suprimé l'a-
couchement, en a reconnu la verité ; Le Maistre d'Hostel

qui auoit enlevé l'enfant, l'a reſtitué : La Beaulieu qui conteſtoit la Maternité eſt en fuitte & l'abandonne ; Enfin le menſonge ne laiſſe plus de doute, puis qu'il a confeſſé la verité par ſa propre bouche. Le larcin ne donne plus de peine, puis qu'il a fait la reſtitution par ſa propre main ; L'impudence ne ſuſpend plus les jugemens, puis qu'elle s'eſt condamnée par ſa propre fuitte : Et pour tout exprimer en peu de parolles, la Iuſtice diuine a déja fait ſon execution ſur ces trois teſtes criminelles ; l'vne eſtant morte dans les cachots, couverte de la honte d'vne condamnation infame ; l'autre ayant fini ſa vie par le poiſon qu'il a receu de la propre main de ſes complices ; & la derniere traînant aujourd'huy ſa corde dans vn exil volontaire qu'elle s'eſt choiſi pour ſe garantir d'vn ſupliceplus redoutable. Vne ſeule choſe apres tant de merueilleux progrez, pouuoit retarder la vengeance publique, à ſçavoir les éuocations ſi ſouvent tentées par les accuſez pour tirer le procez hors du Parlement de Paris, parce qu'elles ont touſiours redouté ce grand Corps de Iuſtice, comme vne eſpece de Taliſman ſacré, aux approches & à l'aſpect duquel le crime ſe ſuffoque dans ſon propre venin, & perd tout ſa force : Mais aujourd'huy qu'il eſt ſur le Bureau, & que malgré tous leurs efforts le rapport en eſt commencé, que reſte t'il plus à deſirer, ſinon que la Terre s'accorde auec le Ciel, que l'Arreſt des hommes ſe conforme à celuy de Dieu, & que les Loix humaines prononcent en faueur d'vn amour maternel que la bonté diuine a ſi viſiblement protegé : C'eſt ce que la prouidence par vn ſecret de ſa conduitte merueilleuſe a voulu reſeruer aux trois Chambres aſſemblées du premier Parlement de la terre ; afin que cét Enfant qu'on a voulu ſuprimer, ayant vaincu en preſence d'vne ſi auguſte Compagnie, l'Impoſture & l'Avarice, ces deux Monſtres de la vie Civile, on ne doutaſt plus de ſon origine. De meſme que l'on fut aſſuré de celle d'Hercule, apres qu'à la veuë de tous les Dieux aſſemblez pour en faire l'eſpreuue, il eut vaincu les deux ſerpents qui l'attaquoient & le vouloient défaire dans ſon berceau.

En l'année 1640. ſur la fin du mois de Nouembre, la

Il est iusti-
fié par la
pro duction
des appellā-
res qu'elle
estoit encore
à Moulins
le 15. No-
vembre.

Dame de Saint Geran partit de Moulins pour venir à Paris, où elle arriua peu de iours apres, fort fatiguée de l'injure du temps, & de la difficulté des chemins.

A peine eut-elle respiré ce nouvel air, qu'elle sentit de grands & de frequents maux de cœur, dont ignorant la cause, elle n'en accusoit que sa lassitude & le changement de Prouinces.

Ces incommoditez l'estonnoient d'autant plus, qu'elle n'en avoit iamais senty de pareilles ; mais elle entra dans vne perplexité bien plus grande, quand elle vit que ses maux de cœur se tournoient en des foiblesses, des dégousts, des enuies, des nauzées & des pesanteurs presque continuelles ; Car alors n'osant pas se flater qu'elle fust enceinte, apres plusieurs années de mariage sans enfans ; & d'ailleurs ressentant en sa personne tous les accidents qui luy en pouuoient donner la pensée, elle ne sçauoit que croire, iusques à ce qu'enfin la raison ayant long temps balancé entre sa pudeur & ses incommoditez, ses douleurs & ses desirs, elle resolut de s'expliquer de toutes choses auecque Madame la Mareschale de Saint Geran sa mere, qui luy fit entendre que ses accidents estoient autant de signes & de simptomes d'vne veritable grossesse, & qu'elle se deuoit conseruer auec beaucoup plus de soin qu'elle ne l'auoit fait par le passé.

Elle fut rauie estant confirmée dans cette opinion, & quoy qu'elle ne pust plus douter apres cét arrest de nature que Madame sa mere luy venoit de prononcer ; elle attendit neantmoins à publier sa joye que le temps luy eust donné les dernieres certitudes par les preuues ordinaires en ces rencontres.

Ce fut alors que Madame la Mareschalle annonça à tous leurs amis cette benediction du Ciel sur sa famille. On n'entendoit qu'acclamations de joye parmy les domestiques, que compliments du dehors, tout le Bourbonnois en vint feliciter Madame de Saint Geran à son retour dans la Province : Et comme si le Ciel eust dés ce temps-là voulu preparer des preuues à l'innocence qu'on deuoit persecuter, iamais grossesse ne fut plus connuë ny plus manifeste.

Il arriua que ſur les approches du ſeptieſme mois , la Dame de S. Geran fit vne cheutte, les Medecins, les Chirurgiens & la Matrône furent appellez pour en deſtourner les mauuais accidents. Les Dames du voiſinage luy en vinrent teſmoigner leur deſplaiſir , & dans cette occaſion plus de vingt perſonnes de qualité ſentirent remuer l'enfant; de ſorte que les conuerſations n'eſtoient plus que ſur la qualité du ſexe, pour deuiner ſi ce ſeroit vn fils ou vne fille , & ſur le terme de l'accouchement : Car à l'égard de la groſſeſſe , les tumeurs du ſein & des coſtez, & les frequents mouuements de l'enfant ne permettoient à qui que ce fuſt d'en douter. Le Sieur de Saint Geran par deſſus tous les autres, eſperoit que la Dame ſa femme eſtoit proche de ſon terme, & dans cette creance , donna tous les ordres qu'vn mary certain de la groſſeſſe de ſa femme, & paſſionné pour vne poſterité legitime pouuoit donner, il retint pendant plus de deux mois le Medecin & la Sage-Femme pour eſtre preſts , en toutes les occaſions où lon les pourroit deſirer.

Il écriuit à Madame la Mareſchalle comme vne nouelle qui luy deuoit eſtre fort agreable, que ſa fille auoit ſenty ſon enfant depuis ſa cheute, & la ſupplioit de venir honorer de ſa preſence des couches tant deſirées & donner le nom à l'enfant qui naiſtroit.

Madame la Mareſchalle qui ne doutoit non plus de la verité de cette groſſeſſe que de la lumiere du iour, diſpoſe toutes choſes pour ce voyage, & comme elle deuoit eſtre l'ayeulle & la Maraine de l'Enfant , & conſulta ſur la leyette qu'elle luy deuoit donner, Madame la Ducheſſe d'Angouleſme & Madame la Mareſchalle de Schomberg , par l'advis deſquelles toutes les choſes neceſſaires furent ordonnées pour faire ce premier preſent, dont les ayeulles ont accouſtumé de ſalüer leurs petits-enfans à l'entrée de la vie.

La diligence des Ouuriers ne reſpondant point à ſes empreſſements , elle ne pût ſe donner le loiſir que les choſes furent acheuées : mais portée, s'il eſt permis d'vſer de ces termes, ſur les aiſles de l'amour maternel , elle vola aupres de Madame ſa fille auec vne diligence incroyable, ſa

prefence combla toute la maifon de ioye, & chacun à l'en-
uy excita fes tendreffes. L'vne des plus grandes fatisfa-
ctions qu'elle receut, fut de fentir remuer l'Enfant dans les
coftez de la Dame fa fille , elle y prenoit vn tel plaifir,
qu'il ne fe paffoit point de iour qu'elle n'y portaft trois ou
quatre fois la main ; ces frequents mouuements par vn
contrecoup d'amour retentiffoient dans fon cœur, & luy
firent croire que la force & la viuacité de l'Enfant pourroit aduancer le terme de fa naiffance ; Ce fut dans cette
preuoyance qu'elle preffa la leyette & qu'elle efcriuit au
fieur de la Haye Orpheure à Paris, qu'il luy enuoyât di-
ligemment vn poiflon, auec vne cuillere, deux affiettes,
vne boëte à farine & vn hochet le tout d'argent, parce que
fon petit-fils, qui devoit naiftre dans cinq ou fix iours
eftoit voüé au blanc.

Ce fut encore dans ce mefme efprit de prudence qu'elle
ordonna que les Nourrices & les Seruantes , retenuës il y
auoit long temps pour le feruice de l'Enfant, preparaffent
toutes les chofes neceffaires. Chacun fecondoit en apparence les bons offices & les affections de cette Dame: Le Medecin qui depuis deux mois marchoit fur tous les pas de la Nature, & l'obferuoit auec vne applicatiō extreme, affuroit quo
l'accouchement feroit prompt & heureux , & la Sage-Femme que l'on ne pouuoit trop fe preffer d'enuoyer ache-
pter du damas blanc pour couurir le berceau & la branf-
loire.

On attendoit ce iour dans la famille comme vne Fefte
dediée à la memoire de tant de Heros qui deuoient renaiftre
par vne heureufe pofterité : Mais helas ! qui eft-ce qui pourroit croire qu'au milieu de tous ces preparatifs pour receuoir
vn fi cher Enfant, il fe machine vne horrible Tragedie pour
le maffacrer ? Chofe eftrange, la Sage-Femme qui doit l'ac-
cueillir à l'entrée de la vie, eft corrompuë pour le tuër ; le
Maiftre d'Hoftel qui deuoit ordonner le feftin de la naiffance, eft fuborné pour la fupprimer : le premier Miniftre
de la vie doit donner la mort ; & la main qui nourrit le
pere doit affaffiner le fils.

Hæc tam dira lues nocturno squallida passu
Illabi thalamis , animasque à stirpe recentes ,
Abripere ex matrumgremijs , morsuque cruento
Deuesci , & multum patrio pinguescere luctu.

Stat.

Cette intrigue est si abominable , qu'assurement il n'y auoit dans tout le monde qu'vn seul Marquis de Saint Maixant qui fust capable d'en estre l'autheur ; il falloit pour cela vn homme comme luy, accusé de fausse-Monnoye, de Magie & d'Inceste; d'auoir empoisonné son frere aisné pour deuenir plus riche ; d'auoir fait estrangler sa femme qu'il auoit enleuée, pour en espouser vne autre dont il deuoit tuer le mary : & enfin qui eust joint le sacrilege à tous les autres crimes, en espousant en secondes nopces vne Religieuse Professe. Tant d'execrables actions font assez voir qu'il n'estoit que trop propre pour vn attentat sans exemple, & que n'en ayant point fait de scrupule, il n'étoit pas capable d'en auoir, en sacrifiant vn Enfant, qui ostoit vn bien considerable à vne femme qu'il aymoit & qu'il pretendoit d'espouser.

L'advantage qu'il auoit d'estre parent de la Maison de Saint Geran, fait qu'on n'en parle icy qu'auecque repugnance, n'en pouuant pas parler sans en dire beaucoup de mal; mais il est necessaire qu'il soit connu, & il ne seroit pas juste de ruïner l'innocent pour épargner le criminel. Toute la France sçait que ce scelerat s'estant échappé des mains du Preuost des Mareschaux de la Prouince d'Auuergne, il se sauua dans le Chasteau du sieur de Saint Geran son Allié, qui le reçeut auec toute la generosité imaginable, quoy qu'il eust ses crimes en horreur, & le regalla pendant plus de trois mois de toutes sortes de faueurs, de ciuilitez & de bons traittemens. Le hazard fit que dans le mesme temps la Dame Marquise de Boüillé, propre Sœur & heritiere du sieur Comte de Saint Geran, qui auoit quitté son Mary par vn diuorce effroyable, se trouua aussi à Saint Geran : Ces deux refugiez, l'vn contre les parens de sa femme qui poursuiuoient la vengeance de sa mort : L'autre contre le chagrin de son mariage,

qui luy reprochoit dans sa ieunesse vn Mary de soixante
& douze ans, se trouuerent tellement assortis d'humeur
& d'inclinations, qu'oubliant toutes leurs disgraces passées,
ils receurent comme vn bonheur ce coup de mauuaise fortune qui les auoit approchez, & s'en faisoient vn sujet de
compliment reciproque. Ils ne se furent pas si tost ouuert le cœur sur leurs aduantures, que l'affection s'y glissa;
& comme il n'est rien de plus ingenieux, elle fit que ces
deux personnes se regardoient chacun en particulier comme vn Pourtrait acheué de toutes les qualitez qui les pouuoient rendre heureux. Cette humeur austere, & cét âge
decrepit qui auoit esloigné la Dame de Boüillé de la maison de son Mary, ne seruoient qu'à releuer la complaisance & les rares talens qu'elle trouuoit au Marquis de Saint
Maixant, dans la delicatesse des conuersations; Autant
qu'elle auoit souffert impatiemment l'authorité d'vn Pere
qui l'auoit tenuë long-temps dans des Conuents contre
ses inclinations,& la puissance d'vn Mary vieil & jaloux qui
l'auoit enfermée dans son Chasteau du Semé proche celuy
de Boüillé;autant trouue-elle de charmes &de douceurs dãs
les complimens & les assiduitez d'vnGentilhomme de trente
ans, son Allié, l'vn des mieux faits & des plus elegans de
son siecle. La jalousie n'auoit point ses Espions dans ce lieu
d'honneur pour les empescher.d'agir, & la pudeur n'estoit
pas vn frein assez puissant pour les retenir. On les voyoit à
toutes heures dans des lieux escartez & en des conuersations secrettes. Il y a preuue au procez, que presque tous
les soirs ils se faisoient promener seuls en carosse dans le
Parc, & souuent on les a surpris dans des conferences clan-
destines.

Sur ces familiaritez le Marquis de Saint Maixant iettta
les fondemens d'vn second mariage auecque la Dame de
Boüillé, & s'étant flatté qu'vn Mary septuagenaire les ren-
droit bien tost libres par sa mort, il considera dés lors les
interests de cette Dame comme les siens propres : jusques-
là il auoit temoigné auecque tous les autres beaucoup de
joye de la grossesse de la Dame de Saint Geran : Mais quand
il se vid menacé par la naissance de l'Enfant de perdre pour
la Dame de Boüillé vne succession opulente,sur laquelle on
comptoit

comptoit depuis vingt-ans. Ce fut dans ce moment qu'il commença de conspirer contre vne grossesse dont le terme luy deuoit estre si fatal. Il roulla dans son esprit comment il pourroit empescher l'enfant de naistre , ou le supprimer quand il seroit nay : Ny le droit d'Hospitalité , ny le respect qu'il devoit à son azile, ny la gratitude, ne furent pas capables de l'arrester ; toute sa felicité est de satisfaire à sa passion ; il veut dotter de cette inhumanité le second Mariage quil s'est projetté : & ce funeste essay qu'il a fait de sa cruauté sur la propre vie de sa femme, luy fait esperer le succez de cette seconde , qu'il doit tenter sur le sang & l'image animée de son protecteur. Il sonde d'abord l'esprit de la Sage-Femme, & de Beaulieu Maistre d'Hostel, qu'il iuge necessaires à son dessein ; il les corrompt tous deux à force de promesses & d'esperances.

La Dame de•Boüillé & les nommées Quinets , dites Dada, ses Femmes de Chambre , sont de la conjuration, & toutes ces personnes ensemble n'attendent plus la naissance que pour en faire le meurtre ou l'enleuement. Voilà le sujet & les principaux personnages de la Tragedie : Il reste de voir comment les Actes s'en sont passez , & par quel miracle la Prouidence a percé toutes ces tenebres pour en tirer la verité , qui est maintenant aussi claire que le iour.

Le seiziéme du mois d'Aoust 1641. la Dame de Saint Geran fut prise des douleurs de lenfantement dans la Chappelle du Chasteau de Saint Geran, où elle entendoit la Messe , elle fut portée dans sa chambre , Madame la Mareschalle sa Mere la coiffa de sa propre main, à la façon des femmes qui doiuent accoucher, & qui ne sont recoiffées que de long-temps ; les langes de l'Enfant furent apportez , la Nourrice & les Seruantes aduerties , le lict preparé, on la coucha promptement, les douleurs furent si longues & si aiguës, que l'on craignoit auecque raison qu'elle n'y pût resister , le bruit s'estant épandu iusques dans les Moulins que Madame la Gouuernante estoit en trauail d'enfant, le Saint Sacrement fut exposé sur les Autels, & les Prieres ordonnées pour luy obtenir vne heureuse déliurance, le peril éminent où lon voyoit cette Dame,

aſſembla dans ſa chambre tout ce qu'il y auoit de parens
conuiés à ſa couche, & de domeſtiques affectionnez, Madame la Mareſchalle & Meſdamoiſelles ſes filles du ſecond
lict, dont la Dame de Ventadour en eſtoit l'vne, & qui
ayant pour lors plus de ſeize ans, n'eſtoit pas ſi ieune qu'elle
ne ſe puiſſe ſouuenir de toutes ces veritez, & d'auoir mis
elle meſme pluſieurs fois la main ſur le ventre de ſa ſœur
pour ſentir remuer ſon Enfant, Madame de Saligny ſœur
de feu Monſieur le Mareſchal de S. Geran, & le ſieur
Comte de S. Geran y eſtoient preſens, auſſi bien que le
Marquis de S. Maixant & la Dame de Boüillé ; laquelle
pour éloigner de la chambre tous ceux qui n'eſtoient pas
de la coniuration, afin de l'executer plus facilement, con-
tre-faiſant l'affectionnée, feignit que le grand monde qui
eſtoit dans cette chambre nuiſoit à la Dame de S. Geran,
à cauſe de l'exceſſiue chaleur de la ſaiſon, & ſous ce ſpe-
cieux pretexte diſſipa toute la Compagnie. Madame la
Mareſchalle fut inuitée de ſortir la premiere, afin que les
autres à ſon exemple n'en fiſſent point de difficulté : Et
par cet artifice il n'y reſta que la Dame de Boüillé, ſes deux
femmes de chambre & la Sage-Femme : les filles qui ſer-
voient la Dame de S. Geran n'y furent pas meſme ſouffer-
tes, on retira de leurs mains les langes qu'elles avoient apportez, & il n'en reſta aucune, ſoit qu'on les eût éloignées
par des commiſſions affectées, ou que leur propre pudeur
les en eût congediées, la plus âgée d'entr'elles n'ayant pas
atteint l'âge de quinze ans.

Ces Conſpirateurs eſtants maiſtres de la chambre, diſ-
poſerent des choſes comme il leur plût, la Dame de S. Geran ſe ſouvient bien que ce fut ſur les ſept heures du ſoir
que la Dame Mareſchalle ſa Mere & les autres Dames qui
eſtoient auec elle, la quitterent, que ſes douleurs luy con-
tinuerent encore quelque temps apres, & que Dada l'vne
des Femmes de Chambre de la Dame de Boüillé, la tenoit
par la main, mais les tranchées devenant ſi vehementes,
l'excez de la douleur luy oſta toutes ſes forces, & tomba
dans vne foibleſſe ſi grande, qu'elle perdit tous les ſens,
& ne doute pas qu'elle n'y ayt eſté prouoquée par des breu-
uages qu'on luy fit prendre & par des moyens ſurnaturels,

parce que son assoupiss ment estoit si profond qu'il ne luy resta aucune connoissance, & dura iusques au lendemain.

Le Sieur de S.-Geran, aussi bien que Madame la Mareschalle, & tous les autres, qui souhaittoient cet accouchement, enuoyoient à tous moments sçavoir des nouuelles à la porte de ce qui se passoit dans la chambre, & iamais on n'en rapporta vne mauuaise réponce ; car on leur mandoit toûjours que tout alloit bien, & qu'on auroit contentement auant qu'il fût iour. Le Marquis de S. Maixant de son costé ne manquoit pas d'inquietude pour le succez de son entreprise, ainsi que rapportent plusieurs témoins, qui le virent durant toute cette nuict, allant & venant à la porte de la chambre, & parlant en secret tantost à la Sage-Femme, & tantost à la Dame de Boüillé qui luy faisoient part de l'estat des choses. Cependant cette pauure Dame accouche de la sorte entre les mains de ses ennemis ; & Beaulieu Maistre - d'Hostel ayant esté introduit pour emporter l'Enfant que la Sage-Femme luy deuoit donner, il le receut des mains de cette Furie, & l'enleua sans aucune difficulté, parce que personne n'estoit en soupçon, & qu'il estoit naturellement impossible d'entrer en scrupule d'vne action si lasche & si abominable.

Pendant que cet infame rauisseur consulte ce qu'il fera de sa proye, la nuict acheue de se passer, les esprits de la Dame de S. Geran luy reuiennent peu à peu, & le iour commençant à paroistre luy fit apperceuoir les marques de son mal-heur. Elle se trouue dans l'estat où elle a entendu dire que sont les femmes nouuellement delivrées : elle est baignée de son sang; son ventre, ses forces affoiblies, & generalement tout son corps luy dit qu'elle est accouchée : Elle l'asseure à ceux qui sont auprés d'elle ; mais personne n'en veut rien croire. La Sage-Femme qui donnoit de si belles esperances que la iournée ne se passeroit pas qu'on ne veid fils ou fille, change de langage : Elle n'ose pas si tost dire que la Dame de S. Geran n'accouchera pas, il n'y auroit point eu d'apparence à vne si subite retraction, la grossesse avoit esté trop éuidente & trop connuë, pour imposer si grossierement à tant de personnes de

toutes sortes de sexes & de conditions ; mais elle insinuë
que la Dame de S. Geran accoucheroit asseurement auant
qu'il fust trois iours ; que ce qui s'estoit passé la nuit pre-
cedente en estoit vne preuue infaillible ; mesme que ce seroit vn fils, & qu'il ne falloit pas s'estonner de cette remise,
pareille chose estant autrefois arriuée à la Dame de Com-
martin.

Toute la Compagnie fut appaisée par ces paroles, ex-
cepté la Dame de S. Geran, qui ne pouuoit comprendre
que tant de douleurs se fussent passées pour recommencer
si tost, ny que le bouluersement qu'elle auoit senty dans
ses entrailles, ne fust pas son veritable accouchement : elle
pleure, elle s'afflige, & passe ces trois iours sans aucune
esperance aussi bien que sans effet : Mais lors qu'aprés ce
premier terme expiré on voulut luy en donner vn autre,
connoissant l'imposture qui luy estoit faite elle redouble
ses clameurs, elle veut qu'on luy dise ce qu'est devenu son
Enfant, & remplit tous le lieu de sanglots & de ses ge-
missements :

Virg.

> *Qualis Philomela sub vmbra*
> *Amissos queritur fœtus, quos durus arator,*
> *Obseruans nido implumes dextraxit ; at illa*
> *Flet noctem, ramoque sedens miserabile carmen*
> *Integrat, & mœstis late loca quæstibus implet.*

La Sage-Femme accuse la Lune de ce retardement,
elle veut faire croire que l'aspect où elle se trouve n'est
pas fauorable, & tasche de persuader qu'à mesure qu'elle
aduancera son cours, l'accouchement se facilitera : Mais
tous ses artifices n'eussent pas esté capables d'arrester les
violents transports de cette Mere inconsolable, si Madame la Mareschalle ne les eût authorisez sans y penser par
vne fatalle reminiscence qui luy fit dire, qu'en l'vne de
ses couches, croyant estre au bout de son neufiesme mois,
elle auoit eu quelque signe de déliurance, & toutesfois
n'estoit accouchée que six semaines aprés : Chacun donna dans cette aparence, qui ne manqua pas d'aplaudisse-
ment de la part des Conspirateurs, & l'on ne cherche plus

d'autres raisons pour faire couler le temps à la Dame de
S. Geran: mais comme elle y resistoit puissamment, cette detestable Matrône voyant qu'il n'y auoit pas moyen de
la vaincre, ny de la tromper, resolut de la faire mourir,
afin qu'on ne luy pût pas reprocher la fausseté de ces paroles. Dans cette veuë elle luy dit que son Enfant auoit
fait les premiers effors pour naistre, & qu'estant attaché
aux lombes il estoit necessaire de faire quelque exercice
violent, pour le détacher. Cette Dame affligée repoussant
ces paroles avec indignation, parce qu'elle sçauoit la verité de son accouchement, on fit agir les prieres & l'authorité de Madame sa Mere, de sorte qu'elle monta en
carosse, & fut promenée pendant toute vne apresdinée à
travers des sillons & des chemins les plus difficiles, dont
assurément elle seroit morte, si elle auoit esté d'vne moins
bonne constitution pour se soustenir de tels efforts, six iours
seulement aprés estre accouchée, & sans auoir receu les
seruices qu'on rend aux moindres femmes dans ces occasions, quoy qu'elle en eust toutes les necessitez.

A pres que la Dame de S. Geran eut sacrifié par cette
cruelle promenade vne partie de sa santé aux volontez de
Madame sa Mere, elle se retourna entierement du costé
de Dieu, & luy representa que sa bonté infinie ayant donné à ses desirs vn Enfant, elle osoit se promettre qu'il dis-
siperoit vn iour la malice des rauisseurs, & dés lors plus
fortifiée de la Foy dont elle s'estoit armée, que de toutes
les raisons humaines, elle resolut d'attendre que le temps
ou la des-vnion de ceux qui auoient commis ce crime en dé-
couurist quelque chose.

Spem vultu simulat, premit altum corde dolorem.

Virg.

Quelques années s'écoulerent dans cette confiance toute Chrestienne, pendant lesquelles elle ne combattoit que
comme ce grand Patriarche de la Loy ancienne, en levant
les mains au Ciel, & son cœur à Dieu, & ne cherchoit
plus son Enfant que dans les routtes de la Prouidence.
Mais que ce silence fut heureux, & que cette confiance
luy a bien reüssi; les coupables voyant ce calme interieur

s'endormirent, & dans ce fommeil les armes leur tombe-
rent des mains : La Sage-Femme ayant manqué de tuër
l'Enfant dans le moment de fa naiffance , quoy qu'elle y
euft tafché en luy preffant le crafne de fon poulce; il n'e-
ftoit rien de fi aifé que d'acheuer ce meurtre entre les mains
de Beaulieu , qui eftoit vn homme brutal & corrompu :
Mais ces gens tous defnaturez qu'ils eftoient, s'eftimants
en feureté par le filence de la mere , eurent horreur de
faire ce fecond crime fans neceffité, & leurs mains meur-
trieres s'engourdirent de la forte fur le cœur de ce ieune
Innocent.

Ferratique vngues tenero fub corde tepefcunt.

Ces chofes pourroient prefque faire croire que cét Enfant euft en naiffant vne efpece de priuilege & de fauue-
garde du Ciel contre la fureur; car apres auoir échappé
la main de la Sage-Femme, on ne peut pas douter d'vne
protection fouueraine : Mais ces premiers traits ne font
encore que de foibles ébauches de l'ouurage que la Prouidence prepare , il faut fuiure cét Enfant depuis le moment du rapt qui en a efté fait iufqu'au temps de fa re-
cognoiffance , & l'on y verra des traits & des rencontres
auffi admirables qu'il en aye paru depuis plufieurs fie-
cles.

Tandis que la Dame de Saint Geran continuë fes vœux
& fes prieres, le Ciel qui a pris fon Enfant en fa protection, non feulement l'a preferué entre les mains des fu-
rieux qui en auoient conjuré la perte, mais encore il leur
infpire la penfée de le nourrir foigneufement. Le premier
deffein avoit efté de le tuër , mais ayant miraculeufement
échappé la mortelle attaque de la Matrône, le Marquis
de Saint Maixant eut le temps de refléchir fur ces pretentions, & trouua qu'il eftoit plus feur de l'enleuer , foit qu'il
craignift que le meurtre ne uftquelque preuue ; ou que fe
deffiant de l'efprit inconftant dé la Dame de Boüillé, il
vouluft conferuer ce gage de leur intelligence, pour la tenir dans la neceffité de faire ce qu'il s'eftoit promis d'elle.
Cette mefme Prouidence fit qu'on le promena en differens

païs, afin d'amasser de la preuue à cette Mere affligée, &
de luy acquerir autant de témoins qu'il y auroit eu d'Ho-
stes, de Seruantes & de Nourrices. Il a esté remarqué que
Beaulieu rauit l'Enfant des mains de la Sage-Femme, & il
est prouué qu'aussi-tost il fut enueloppé & tiré de la Chambre dans vne petite Corbeille, par vne porte qui respond
sur le fossé, & qui passant sur vne terrasse trouue vn Pont
qui conduit dans le Parc qui a douze portes, dont Beaulieu
auoit les clefs.

Cét Enfant est porté par Beaulieu sur vn cheual, il passe
dans le village des Echerolles à vne lieuë de S. Geran chez
vne femme qui estoit Nourrice qui luy donna la mam-
melle, & n'osant pas y arrester long-temps à cause du voi-
sinage, il trauersa la Riviere d'Allier au Port de la chaise,
où il mit pied à terre dans la maison d'vn nommé Boucaud, & fit allaiter l'Enfant par la Maistresse du logis qui
en a deposé. En suitte il poursuit son chemin du costé
d'Auuergne, où il auoit ordre de le porter au village Descoutoux prés de Lauoine, lieu de la retraitte ordinaire de
la Dame de Boüillé.

Comme il faisoit fort chaud, & que le trauail auoit
lassé son cheual & fatigué l'Enfant qu'il portoit, ayant fait
rencontre d'vn Chartier ordinaire de cette routte nommé
Paul Boithion de la ville d'Esgueperse, lequel s'en alloit à
Rion, il composa auecque luy pour estre porté dans sa
charette, & arriua de cette sorte au village du Ché à l'heure de la disnée, où la Maistresse de l'Hostellerie qui estoit
Nourrice fit allaiter ce mal-heureux Enfant, & le voyant
encore tout rouge & tout ensanglanté, elle eut la charité
de faire chauffer de l'eau & de le lauer par tout le corps.
Beaulieu discourant auec le voiturier, luy dit qu'il ne prendroit pas tant de peine si l'Enfant qu'il portoit n'estoit de
la premiere Maison du Bourbonnois, le Chartier le con-
duisit iusqu'auprès de Rion, où le Caualier luy donnant
vn faux rendez-vous, passa outre, & alla du costé de
Lauoine.

Le village Descoutoux est proche de la ville de Thiers,
l'Enfant y est nourry quelque temps par vne femme, à laquelle on paya vn mois d'auance, mais elle le rendit bien-

toſt, dans la crainte d'en demeurer chargée, parce qu'on refuſoit de luy dire à qui il appartenoit, & de luy marquer quelque lieu où elle en pût donner des nouuelles. Le bruit que fit cette femme durant qu'elle eut l'Enfant, & depuis que l'on l'eut retiré de ſes mains, empécha qu'aucune autre des enuirons le vouluſt receuoir ; les gens qui l'emporterent prirent le chemin de Bourgongne, & trauerſant vn grand païs de bois la piſte en fut perduë.

Beaulieu Maiſtre d'Hoſtel auoit eu vn frere Maiſtre en fait d'armes à Paris, decedé depuis peu, dont la veſue eſtoit fort adroite & ſans aucuns biens : il crût ne pouuoir faire tomber l'Enfant en de plus ſeures mains, qu'en celles de cette belle-ſœur nommée Marie Pigoreau, qui le reçeut auecque joye, parce qu'au meſme temps on depoſa entre les mains du ſieur Raguenet Eſpicier de cette ville, vne ſomme de deux mille liures pour le faire éleuer. Alors l'Enfant auoit bien pres de huiĉt mois, & n'eſtoit point encore baptiſé, ce qu'on auoit touſiours differé, dans la crainte de donner quelque connoiſſance de ſon origine en nommant les parens, ou de ſon enleuement, en ſuprimant leur nom : Mais la Pigoreau qui eſt fille d'vn Comedien, & la plus feconde de toutes les femmes en intrigues, trouua cét expedient de le faire baptiſer à Saint Iean en Greue ſans éclat, prenant pour Parrain le Foſſoyeur de la Paroiſſe nommé Maur Marmion, à qui elle donna dix ſols pour le faire nommer Bernard, & pour la Marraine Ieanne Chevalier pauure femme dela meſme Parroiſſe, ſans qu'il fuſt écrit ſur le Regiſtre qui en eſtoit le Pere & la Mere, mais ſeulement fils de

& de   les noms laiſſez en blanc. La Beaulieu qui s'eſtoit tenuë cachée dans vn Confeſſional pendant la ceremonie, ayant fait ce pas qu'elle croyoit difficile, ne ſe cacha plus pour faire éleuer ſon Nourriſſon, elle prend tout le ſoin qu'il luy auoit eſté recommandé, & quoy qu'il euſt eſté baptiſé pauurement, elle luy donna des langes dignes de ſa naiſſance, elle le mit en Nourrice au village de Torcy en Brie chez vne femme qui eſtoit ſa commere, luy diſant que c'eſtoit vn Enfant de condition qu'on luy avoit confié, & qui luy eſtoit ſi cher, qu'elle aymeroit

mieux

mieux mourir que de voir qu'il luy arriuaſt mal : Cette
Nourrice, femme du nommé Paillard, deuint incommodée, & fut obligée de le rendre bien-toſt, mais ſans changer de village. Il paſſa de ſes mains dans celles d'vne autre
femme, vefue de Marc Sanguin, qui le nourrit iuſques à
l'âge de dix-ſept ou dix-huit mois, par l'ordre de la Beaulieu, laquelle aprés ce temps-là le retira chez elle pour l'a-
cheuer de nourrir, & tenir place de Henry de Beaulieu ſon
ſecond fils qui eſtoit mort depuis peu; & il ne luy fut pas
difficile d'éleuer cét Enfant ſous le nom du ſien, en quittant
comme elle fit ſon logis, & paſſant dans vn autre quartier,
où elle n'eſtoit pas connuë.

Quand il eut deux ans & demy, ou enuiron, elle s'en voulut décharger, ſoit qu'elle ne fuſt engagée pour l'argent
qu'on luy auoit donné de le nourrir que iuſques à cét âge-
là, ou que la penſion ordinaire n'allaſt pas à ſon gré, & ne
pouuant, ce luy ſembloit, mieux le remettre qu'entre les
mains de celuy qui le luy auoit donné, elle le fit apporter à
l'Hoſtel de S. Geran, ſous le nom de Henry de Beaulieu ſon
ſecond fils, qui eſtoit filleul de Beaulieu Maiſtre-d'Hoſtel,
auquel elle le rendit ſous le pretexte de ſa neceſſité; & cette couleur ſpecieuſe, que l'oncle de l'Enfant qu'elle quali-
fioit encore ſon Parrain, en prendroit le ſoin auec les
ſiens.

La Dame de S. Geran s'oppoſa à cette intrigue, ſans croire qu'elle y eût intereſt, remonſtrant que cét Enfant en vn
âge ſi tendre ſeroit mal ſeruy éloigné de ſa Mere, & parmy
cinq ou ſix Enfans, d'vne femme laquelle eſtant deſia chargée de la mere de ſon mary, pourroit faire mauuais ménage:
Mais la Beaulieu ne vouloit plus garder l'Enfant, & le Maiſtre-d'Hoſtel eſtoit obligé de le reprendre; tellement que
la Dame de S. Geran qui eſtoit ſur le point de partir pour le
Bourbonnois, ne put ſe deffendre de luy donner vne place
dans ſon carroſſe.

Cét Enfant fut mené à Moulins, où toutes choſes arriuerent comme elles auoient eſté preuucës. La femme de Beaulieu fut outrée de cette nouuelle charge de la part de ſon
mary qui auoit peu de bien; mais luy pour ſe deliurer du
bruit & de l'incommodité tout enſemble, ſupplia le Sieur

& la Dame de S. Geran de permettre que cét Enfant fust
no urry dans leur maison, ce qu'il obtint facilement de leur
bonté.

C'est ainsi que la Prouidence diuine commença de rame-
ner l'Enfant à ses veritables parens, sous vn voile inconnu,
par la main mesme de celuy qui l'auoit enleué pour le supprimer. On ne se peut imaginer plus de soin ny plus d'affection qu'ils en témoignerent pour cét Enfant, quoy qu'ils
ne le connussent que sous le nom & sous la qualité de Henry de Beaulieu neueu de leur Maistre-d'Hostel; ils l'aime-
rent dés qu'ils le virent, & la nature faisant agir ses ressorts
excitoit desia des tendresses de Pere & de Mere, où la raison
tout au plus ne sembloit desirer qu'vn peu de charité : Cét
Enfant retournoit toûjours dans les bras de la Dame de S.
Geran : comme si le sang luy eust dit que c'estoit la source
d'où il estoit party, & il n'en sortoit point que cette Dame
n'en ressentit quelque petite émotion; elle en faisoit toute
sa consolation & son diuertissement, & pour le mieux atta-
cher à sa personne, elle luy donna dés l'âge de six ou sept
ans vn habit de Page de ses liurées.

Les autheurs de la conjuration supportoient toutes ces
choses auec vne extrême impatience, & ne pouuoient pardonner à Beaulieu cette restitution, qui commençoit à dé-
lier le nœud de l'intrigue : D'autre part Beaulieu qui estoit
present à toutes ces saillies d'amour entre la Mere & l'Enfant, ne pouuoit s'empescher de laisser toûjours échaper
quelques paroles équiuoques du sujet de ces tendresses; &
la verité remuoit dans le cœur de cét infame coupable, tous
les sentimens d'humanité & de religion qu'il auoit violez,
aussi bien que les entrailles de ces deux personnes innocentes, les esprits du sang qui fait l'vnion des parens; celuy-là
n'estoit non plus libre de se taire par la force & par les sin-
derezes de sa conscience, que les autres de ne se point aymer
par les iustes mouuemens & la sympathie de leurs inclinations. Il luy arriua de parler en diuerses occasions de cét
enleuement, lors qu'il pensoit que le temps auoit tout couuert, tantost il disoit qu'il auoit entre les mains l'honneur &
la vie de la Dame de Boüillé, qu'elle deuroit trembler en
le voyant; d'autres fois que le Sieur & la Dame de S. Ge-

ran auoient plus de raison d'aymer cét Enfant qu'ils ne croyoient; & il s'auisa mesme de consulter vn Religieux, sçauoir si la conscience d'vn homme estoit en seureté, lequel ayant contribué à l'enleuement d'vn Enfant le restituë à son Pere & à sa Mere sans le leur faire connoistre; en vn mot, il en parloit tant & si souuent, que pour le faire taire il fut empoisonné & mourut subitement.

Le bruit sourd de cette coniuration s'estoit répandu dans toute la Prouince auparauant que le Sieur & la Dame de S. Geran en eussent entendu parler, chacun consideroit l'mportance de l'affaire, & il estoit difficile que quatre personnes en discourussent ensemble, qu'il n'y en eust quelqu'vn qui representast qu'il estoit dangereux de se mesler dans les interests de famille & de personnes de cette condition.

Le hazard voulut que la Dame de S. Geran estant à Vichy auecque Monsieur son mary, qui beuuoit des eaux, elle surprit la Dame Marquise de Boüillé auecque la nommée Loüise Golliart Matrône qui y demeuroit, elle les interrompit & leur demandant dequoy elles s'entretenoient, il parut vn tel estonnement sur le visage de l'vne & de l'autre, & la response que fit la Dame de Boüillé fut si bigearre, & dite d'vn air si mal asseuré, qu'elle ne douta point que leur entretien ne fust de sa couche : En effet la Dame de Boüillé estant obligée de répondre, elle luy dit en ces mots : C'est que la Dame Loüise se loüe de mon frere de ce qu'il ne luy a pas fait mauuais visage ; à quoy la Dame de Saint Geran ayant reparty, quel sujet auoit-elle de craindre ? la Golliard prit la parole, & dit qu'elle auoit peur qu'il ne la blâmast de ce qui s'estoit passé dans ses couches.

Ces termes bien que peu significatifs, causerent des signes si troublez sur le visage de ces trois personnes, qu'on ne peut pas douter que dés ce mesme moment il ne se pensast des choses bien differentes, & se fit des resolutions bien opposées : Les premieres qui vindrent à la Dame de S. Geran furent de faire arrester la Golliard, mais elle auoit trop attendu pour faire vn éclat si prompt, elle se seruit de la prudence auec laquelle iusques là elle auoit caché sa douleur : & neantmoins soit qu'elle eût fait paroistre quelque indignation sur son visage, ou que la Dame de Boüillé ressentist des

remors interieurs qui luy donnaffent de l'ennuy, elle fe retira à Lauoine; & n'a pas veu depuis le Sieur de S. Geran
fon frere ny la Dame fa femme.

La Dame de S. Geran ayant communiqué de toutes ces
chofes auec Monfieur fon mary & Madame fa Mere, ils en-
uoyerent querir la Goliard fans aucun fcandale : elle fut me-
née à S. Geran, & fur toutes les demandes qui luy furent
faites, elle s'expliqua auec tant de contrarietez, & fi peu de
fermeté, que fi l'on ne fut pas entierement perfuadé de fa
conuiction, auffi ne douta-t'on point qu'il n'y euft lieu de la
mettre entre les mains de la Iuftice.

Les Sieur & Dame de S. Geran donnerent leur plainte au
Vis-Senefchal de Moulins le premier Mars 1649. lequel in-
terroge cette femme, qui confeffe par fon Interrogatoire la
verité de l'accouchement, mais fouftient que c'eftoit d'vne
petite fille morte-née, qu'elle auoit enterrée fous vn degré
prés la grange de la baffe-cour, où le Iuge accompagné d'vn
Medecin & d'vn Chirurgien s'eftans tranfportez, on ne
trouua pas la pierre qu'elle difoit auoir mife deffus, ny aucune apparence que la terre y euft efté remuée.

Comme les Sieur & Dame de S. Geran ne vouloient rien
faire en cela que de l'auis de Madame la Marefchalle, ils
luy firent fçauoir cette declaration en fa Maifon de Bagnaux
où elle eftoit alors: elle manda que cette méchante femme
eftoit digne de mort, qu'il luy falloit faire fon procés, les
Lettres en font produites, & ont efté reconnuës.

Le confeil de Madame la Marefchalle fut executé, le
Lieutenant particulier, en l'abfence du Lieutenat Criminel, luy fit fon procés par interrogatoires, recollemens &
confrontations.

Dés le moment qu'elle fe veit arreftée, elle depefcha fon
fils à Saligny où eftoit la Dame de Boüillé, pour luy donner aduis de ce qui fe paffoit, & la preuue eft conftante que
cette Dame demeura confternée au point que ne fçachant à
quoy fe determiner, elle enuoya fur le champ le fieur de la
Forefterie fon Efcuyer au Lieutenant general de Moulins fon affidé, & ennemy capital du Sieur de Saint Geran,
pour prendre confeil de ce qui eftoit à faire dans vne fi
preffante çonionature; & fur le rapport du Gentilhomme

que son aduis estoit d'obtenir incessamment des Deffenses
de la Cour, de passer outre à l'instruction & au Iugement
du procés ; elle prit la Procuration du fils de la Sage-femme
qu'elle enuoya à Roy son Procureur ordinaire à Paris, auec
que argent, & ordre d'y trauailler en toute diligence, qui
les obtint aux fraiz de la Dame de Boüillé.

Les paroles auantageuses & les grandes asseurances que le
fils rapporte à sa mere d'vne protection toute entiere, la
fortifierent pour quelque temps, dans la resolution de ne
pas declarer la verité ; mais enfin les tesmoins qui luy furent
confrontez parloient si affirmatiuement, & auecque des circonstances si pressantes, que ne pouuant plus resister à la
force de la verité, elle declara par vn quatriéme Interrogatoire le vray de toute l'Histoire, aduoüant que la Dame de
S. Geran estoit accouchée d'vn fils, lequel Beaulieu auoit
enleué pour le supprimer.

Cette reconnoissance qu'elle a depuis confirmée mot
pour mot, dans vne Lettre écrite de sa part à la Dame de S.
Geran, & dans vn Interrogatoire qu'elle a suby en la Cour,
pardeuant Monsieur le Rapporteur, ne donnoient point de
nouuelles lumieres, car toutes ces veritez estoient d'ailleurs
tellement establies au procés, qu'il n'estoit pas possible d'en
douter : Ceux qui l'auoient veuë lauer les linges dont on
s'estoit seruy en l'accouchement, & dans lesquels il parois-
soit que par des remedes elle auoit fait écouler le laict qui
deuoit demeurer dans les mammelles : Ceux qui auoient
rencontré Beaulieu portant l'enfant dans vne petite corbeille, les femmes qui l'auoient allaité & veu allaiter sur les
chemins ; ceux à qui cette malheureuse Matrone en auoit
conté l'histoire de sa propre bouche : ceux qui l'auoient oüy
reciter à la Beaulieu & au Maistre-d'Hostel son beau-frere :
Ceux qui sçauoient que dés l'instant de cette accusation le
fils de la Sage-femme auoit esté au secours vers la Dame de
Boüillé, qu'elle rappella aussi-tost à son seruice les Dada ses
femmes de Chambre, qui en estoient sorties mal-conten-
tes, & en mariant l'vne, luy donna douze mil liures pour
luy garder le secret de la coniuration : Enfin les Medecins &
les Chirurgiens qui auoient conduit la grossesse, & les Dames de qualité qui auoient senty remuer l'Enfant, ne depo-

ſoient que trop clairement de toutes ces choſes pour en laiſ-
ſer aucun ſcrupule ; & ce fut autant ſur ces preuues que ſur
les confeſſions de l'accuſée, que le Preſidial de Moulins
rendit ſa Sentence, par laquelle elle eſt declarée conuaincuë d'auoir ſupprimé l'Enfant prouenu de l'accouchement
de la Dame Comteſſe de S. Geran, & pour reparation
condamnée à mort, apres auoir eſté appliquée à la queſtion.

L'appel qui fut interietté de ce Iugement en ſuſpendit
l'execution, mais cependant les Sieur & Dame de S. Geran
pour ne rien perdre de leurs preuues, obtiennent deux Arreſts, par leſquels il leur eſt permis d'informer de nouueau
de la ſuppreſſion de leur Enfant, & faire publier Monitoire.

La verité s'éclaircit, & ſe fortifie tous les iours en leur faueur, l'Enfant repreſenté pardeuant vn de Meſſieurs aux
Nourriſſes & témoins de Torcy, eſt reconnu tant à la
marque de l'impreſſion du poulce de la Matrone ſur la teſte, qu'à la couleur de ſes cheueux blonds & de ſes yeux
bleus. La Beaulieu eſt conuaincuë, qu'en viſitant cet Enfant auec vn Gentilhomme, elle diſoit touſiours qu'il eſtoit
fils d'vn grand Seigneur, qui luy auoit eſté confié, dont
elle eſperoit ſa fortune, & celle de ceux qui ayderoient à
l'éleuer ; le Parrain qui a donné le nom à l'Enfant, l'Eſpicier qui a fourny les deux mil liures pour le nourrir, la Seruante de la Beaulieu qui luy a entendu dire que le Sieur
Comte de S. Geran eſtoit obligé de prendre cet Enfant ; les
témoins qui eſtoient preſens lors qu'elle luy dit qu'il eſtoit
ſon fils, & de trop bonne Maiſon pour porter des livrées de
Page, la Sage-femme qui a dit auoir ſceu de la Dame de
Boüillé, que l'Enfant rendu par Beaulieu à Madame de S.
Geran eſtoit celuy-là meſme dont elle eſtoit accouchée ; le
fils de cette femme, qui depuis la mort de ſa mere eſt demeuré d'accord à la confrontation qu'elle luy auoit declaré cette meſme verité, & qu'il n'auoit ozé le dire de ſon viuant,
de crainte qu'elle ne fuſt penduë. Le Marquis de S. Maixant meſme qui a dit qu'il auoit fait enleuer l'Enfant de la
Dame de S. Geran, & l'a monſtré à vn Gentilhomme qui
eſtoit à luy ; ce meſme Gentilhomme qui l'a reconnu lors
qu'il luy a eſté repreſenté pardeuant Monſieur du Tillet

Conseiller de la Cour. En vn mot, plusieurs autres personnes de tous sexes & de toutes qualitez oüyes dans les Informations faites, tant au Parlement que par les Iuges de Torcy, de Cusset, & autres commis par Arrest, contiennent des choses si estranges & si precises, pour la conuiction des accusez, que sur le rapport de ces preuues la Cour decreta d'office contre la Beaulieu, quoy qu'elle ne fust point encore deferée.

Ce coup jetta l'alarme dans le camp des accusez, quelque insolente que soit cette Megere, elle en fut épouuentée, & les Dames de Ventadour & du Lude eurent bien de la peine à la rasseurer. On tint conseil entre tous les interessez, pour resoudre comment on pourroit reparer cette bresche, que la verité s'estoit ouuerte, & par laquelle ses forces pourroient entrer pour secourir la nature opprimée ; il fut arresté que tous les accusez appelleroient des procedures criminelles, que la Beaulieu prendroit Requeste Ciuile contre les Arrests qui la mettoient en decret, & ordonnoient la confrontation ; mais que cependant pour faire vne diuersion considerable en attaquant la Dame de S. Geran dans sa maternité ; Elle presenteroit Requeste à ce que l'Enfant luy fust rendu comme luy appartenant, & qu'au iour du combat, les deux partys estans prests d'en venir aux mains, les Dames de Ventadour & du Lude donneroient Requeste pour interuenir, comme vn gros de reserue, pour les accusez, appelleroient comme d'abus de l'obtention & publication des Monitoires, interjetteroient appel de la Sentence de mort renduë contre la Sage-femme, formeroient opposition à l'execution des Arrests qui decretoient contre la Beaulieu, & soustiendroient que l'accouchement de la Dame de S. Geran estoit vne imposture du mary & de la femme pour se supposer vn Enfant.

Rien n'a manqué dans ce projet que le succés ; On a veu Mesdames de Ventadour & du Lude combattre en pleine Audience de Tournelle, entre la Sage-femme & la fausse-Mere, pour sauuer ces Furies du gibet ; & se proposant pour prix de leur victoire, d'esteindre le nom de leurs Ancestres dans le sang du dernier masle de leur Race.

On les a veuës tremper leur langue dans le fiel & dans

l'abfinte , pour percer à coups de traits de calomnies la
vertu d'vn Frere & d'vne Sœur illuftres, pendant qu'elles
faifoient l'Eloge & l'Apologie de deux infames creatures,
dont l'vne eft expirée dans la prifon , aprés y auoir reconnu
la verité de fon crime ; & l'autre eft fugitiue, defauoüant
par fon exil le tiltre de Mere qu'elle auoit impudemment
vfurpé.

Si ces accufées eftoient coulpables d'auoir fupprimé l'vnique Mafle qui refte de l'augufte Famille de la Guiche,
que les Dames appellantes ne fe joignoient-elles pour ven-
ger l'honneur, le falut & la memoire de leur propre Nom, fi
cruellement offenfé par ce lafche attentat; & fi elles eftoient
innocentes, que n'attendoient-elles auecque patience l'O-
racle de la Iuftice, fans fe ranger dans le party des condamnez , contre vn Frere & vne Sœur qui ne cherchoient que la
verité?

Eft-ce qu'il y auoit vne deftinée, que cette Race pleine
d'honneur & de gloire deuoit eftre fupprimée par ces deux
miferables creatures , ou deshonorée par la calomnie des
Dames appellantes ?

<table>
<tr><td>

*Madame
de Ven-
tadour
eftoit fœur
de pere de
feu Mon-
fieur de S.
Geran, &
fœur de
mere de
Madame
fa femme.*

</td><td>

Que le combat de ces Sœurs eft finiftre & different de
celuy de ces freres, qui confacra autresfois la famille des
Horaces à la grandeur & à la fortune de Rome.

En celuy-là les freres s'allioient pour fouftenir la gloire
de leur Nation, en celuy-cy les fœurs fe diuifent pour dé-
truire l'honneur de leur Nom.

En celuy-là vn frere vengea la mort de fes Freres , &
vainquit pour toute fa patrie, en celuy-cy vne fœur procure
autant qu'elle peut l'infamie à fa fœur, & ne veut vaincre
que pour aneantir fa Famille.

</td></tr>
</table>

En celuy-là le dernier des Horaces affeura par la mort des
trois Curiaces la victoire à fon Païs, & combla fa maifon
d'honneur, & le Tombeau de fes peres de trophées.

En celuy-cy la derniere fille du Nom de la Guiche veut
renuerfer par la ruine de fon propre neveu, l'vnique Co-
lomne qui refte à fa Famille , & reduire fon Nom dans le
neant.

Ces deux combats ne conuiennent qu'en cette feule
tragique circonftance, que le frere termina fa victoire dans

le

le sang de sa propre sœur, parce qu'elle répandoit des larmes pour la mort de son mary, l'vn des trois vaincus, comme auiourd'huy la sœur ne veut immoler sa sœur & la sacrifier à l'infamie, que parce qu'elle pleure son fils, & qu'elle le couure de son propre corps pour le deffendre des iniustes efforts de ses persecuteurs.

Vn stratageme si estrange qui fut estallé pendant sept Audiences, ne produisit que de la confusion à ses Autheurs, car par l'Arrest solemnel qui interuint sur les conclusions de Monsieur l'Aduocat General Bignon le 10. Aoust 1657. les Dames appellantes & tous les accusez furent deboutez de leurs oppositions & appellations, condamnez à l'amende, moitié enuers le Roy, & moitié enuers les Sieur & Dame de S. Geran, auecque deffence à la Beaulieu de desemparer la Ville & Fauxbourgs de Paris; à peine de conuiction, & la Requeste d'interuention iointe au procez, pour en iugeant y auoir tel égard que de raison.

Ce reuers abbatit presque le party, mais en voicy vn second qui ne l'estonne pas moins; car les Sieur & Dame de Saint Geran en execution de l'Arrest ayant trouué de nouuelles preuues qui ne leur laissoient point de doute que l'Enfant qui estoit entre leurs mains ne fust leur fils, & presenté Requeste pour le reuendiquer, la Beaulieu qui voyoit le procez tout instruit par recollements & confrontations; & des conclusions de Messieurs les Gens du Roy, fauorables aux Sieur & Dame de S. Geran, & contraires à la Requeste par elle presentée, à ce que l'Enfant fust declaré luy appartenir, dont ils requeroient qu'elle fust deboutée, le procez estant sur le Bureau, les Dames de Vantadour & du Lude qui l'auoient assistée, & fait conduire dans leur carosse à toutes les confrontations, preuoyant le mauuais succez de leur entreprise, l'obligerent pour éloigner le iugement, de donner nouuelle Requeste, tendante à ce que les témoins qui parloient de la grossesse & enleuement de l'Enfant fussent reiettez comme ne luy ayant point esté confrontez, quoy qu'ils l'eussent esté à la Sage-Femme & aux autres accusez : mais la Cour pleinement informée de toutes choses par le procez qu'elle voyoit,

D

iugeant bien que cette Requeste n'auoit pour motif quelc deſſein de fuïr de la part des accuſez, rendit vn ſecond Arreſt le 28. Aouſt 1658. par lequel confrontation fut ordonnée, qu'à cet effet la Beaulieu ſeroit tenuë de ſe mettre en eſtat dans les priſons de la Conciergerie du Palais dans trois iours pour la ſubir.

Cet Arreſt à vray dire a eſté plus puiſſant pour éclaircir la vérité, que toutes les preuues & que toutes les Informations, quoy qu'infiniment claires, car n'y ayant rien à quoy on puiſſe mieux connoiſtre la maternité qu'à la conſtance & à l'affection pour l'Enfant, la Cour inſpirée de ce meſme eſprit qui fit autrefois diſtinguer la veritable d'auecque la fauſſe Mere, voulut éprouuer ſi la Beaulieu auroit la fermeté de ſe mettre en priſon pour ſouſtenir ſa maternité: mais cette miſerable imitant la fauſſe & laſche mere de l'Eſcriture abãdõna bien-toſt ſon party; & du moment qu'elle vit qu'il y alloit du ſalut de ſa vie, elle iugea bien que les Dames de Ventadour & du Lude luy manqueroient de garantie dans vne occaſion ſi importante : de ſorte que leur ayant iuſques-là preſté ſon miniſtere, ſes impoſtures & ſa voix pour de l'argent, elle ne voulut pas hazarder ſa perſonne à quelque prix que ce fuſt, & ainſi au lieu de ſatisfaire à l'Arreſt qui eſtoit interuenu ſur ſa propre Requeſte, elle a quitté le Royaume pour ſe mettre en ſeureté contre les perquiſitions des Sieur & Dame de Saint Geran.

Au moment que toutes les contumaces furent acquiſes contre la Beaulieu, le procez mis en eſtat à l'égard de tous les autres accuſez, le ſieur de Saint Geran partit pour faire executer l'Arreſt, qui ordonnoit que les témoins qui deuoient eſtre confrontez à la Beaulieu ſeroient recollez en leur depoſition pour valloir confrontation : mais il ne fut pas ſi-toſt arriué dans la Prouince, qu'au lieu de trauailler à ſes affaires particulieres, il s'employa à preparer toutes choſes pour receuoir le Roy & la Reine ſa Mere, qui retournoient de Lyon par le Bourbonnois : & comme il agit dans cette occaſion auec vne ferueur dont leurs Maieſtez meſmes ont eu la bonté de ſe loüer, il épuiſa tellement ſes forces pour s'acquiter de ſon deuoir enuers leurs Augustes & sacrées Personnes, que toute la France sçait qu'estant tombé malade pendant leur sejour, il mourut huict iours apres leur depart. Ce fut en ce temps-là qu'il presenta à leurs Majestés le sieur Bernard de la Guiche, comme son fils, & qu'il en fut regardé en cette qualité, luy donnant le nom fameux de Comte de la Palisse, sous lequel il a depuis esté connu à la Cour.

La mort du sieur de Saint Geran fut presque subite ; mais les douleurs & toute la violence de son mal n'empescherent pas qu'il ne rendist les derniers soûpirs de son amour dans vn testament, par lequel il confirme la reconnoissance de son Enfant, & prie Monsieur de la Barre Intendant de Iustice dans la Prouince, & le sieur Vialet Tresorier de France, Executeurs de ses dernieres volontez, de faire iuger le procez ; ne s'estant pas contenté d'vn testament mutuel fait quatre années auparauant auecque la Dame sa femme, par lequel ils chargeoient reciproquement leur conscience de poursuiure le recouurement de leur Enfant, & faire punir ceux qui l'auoient enleué.

La suitte a fait connoistre que la Dame de Saint Geran s'est acquitée dignement de ce deuoir, & que la religion qu'elle deuoit aux derniers sentimens d'vn si cher mary ioint à son amour & la pieté maternelle, l'a fortifiée contre les douleurs d'vne mort si funeste, qui mettoit la moitié d'elle mesme dans le Tombeau, & laissoit, ce semble, ce cher fils qui en faisoit vne autre partie à la fureur de ses ennemis.

Apres auoir rendu tous les respects que la plus tendre amitié peut desirer sur le Tombeau du Pere, & fait honorer ses funerailles d'vne ceremonie digne de sa naissance & de sa generosité, elle tourna tous ses soins pour conseruer cette precieuse Image de luy-mesme, qu'il luy auoit laissée en la personne de son fils, elle en accepta la tutelle suiuant la Coustume du Bourbonnois, & plus de quarante Seigneurs & Gentils-hommes de la premiere qualité, tous parens Paternels & Maternels, nommerent le sieur de Bompré pour son Curateur.

En mesme temps elle fit la reprise du procez, & la Cour ayant commis le Lieutenant Criminel de S. Pierre le

Mouſtier pour faire le recollement des témoins, elle y fit apporter toute la diligence poſſible malgré les empeſchements des Dames de Ventadour & du Lude, qui d'ailleurs pour l'embaraſſer firent appoſer le ſcellé dans toutes ſes Maiſons, & vendre tous les meubles qui s'y rencontrerent.

L'incommodité que la Dame de S. Geran receut de toutes ces vexations ne la détourna pas vn moment des procedures qui eſtoient neceſſaires, car auſſi-toſt ſon arriuée en cette Ville elle fit offrir aux Dames de Ventadour & du Lude vn appointement ſur leur Requeſte d'interuention qui auoit eſté iointe : mais au lieu d'y reſpondre elles obtinrent des Lettres d'heritieres par benefice d'inuentaire du Sieur de Saint Geran, qu'elles firent entheriner par deffaut au Chaſtelet, & au meſme temps appellerent de la Sentence du Seneſchal de Bourbonnois ou ſon Lieutenant General à Moulins, par laquelle on defferoit la tutelle de la perſonne & des biens de Meſſire Bernard de la Guiche à la Dame de S. Geran ſa Mere, & la Curatelle au ſieur de Boimpré, ce qui l'obligea d'interjetter auſſi apel de la Sentence d'entherinement deſdites Lettres, ſur lequel leur ayant fait ſignifier vn Appointement portant la ionction au procez criminel pendant en la Tournelle, elles affecterent de pourſuiure l'entherinement de leur Requeſte en la Grand' Chambre ſouſtenant qu'elles n'eſtoient point parties au procez de la Tournelle : Mais comme ces appellations eſtoient naturellement incidentes à ce procez, & abſolument inſeparables de la queſtion de l'eſtat qui deuoit eſtre iugée par l'Arreſt qui interuiendroit : La Dame de Saint Geran ſouſtint qu'elles y deuoient eſtre renuoyées & iointes, afin que par vn meſme Arreſt toutes les pretentions des parties fuſſent reglées : Ce qui fut ainſi reſolu dans vne Aſſemblée ſolemnelle de tous Meſſieurs les Preſidents, de Meſſieurs les Doyen, ſous-Doyen & Rapporteur du Procez, & de Meſſieurs les Gens du Roy.

Quoy qu'apres vne deliberation ſi conſiderable, ſuiuie d'vn Arreſt, il ne ſemblaſt reſter aucun pretexte de broüiller, les Dames appellantes oſent bien neantmoins demander au Conſeil la caſſation d'vn Arreſt ſi authenti-

que, en supposant qu'il auoit esté rendu au prejudice
d'vne assignation qu'elles auoient fait donner le mesme
iour à la Dame de S. Geran : Et comme leur dessein
estoit de la fatiguer & lasser par des fuittes continuelles,
ce seroit chose presque incroyable de rapporter icy toutes les trauerses & les peines qu'on luy fit souffrir durant
trois années, tantost par des Lettres d'Estat plusieurs fois
reïterées sous le nom du sieur Comte du Lude, bien qu'il
ne fust point en cause, tantost par des Euocations tentées
sous celuy des accusez, & enfin par des disjonctions de-
mandées du Ciuil d'auecque le Criminel, pour faire que
leurs appellations de la Tutelle & Curatelle fussent renuoyées en vn autre Parlementapres n'auoir peu obtenir l'é-
uocation du procez Criminel, à la faueur de Françoise
Quinet l'vne des accusez, & femme de Chambre de la
feuë Dame de Boüillé, ensorte qu'apres tant de vains efforts, leur derniere resource fut de presenter Requeste le
7. Ianuier 1661. tendante à ce qu'il leur fust permis de prouuer par témoins que la Dame de S. Geran n'a point esté
grosse, qu'elle n'estoit point accouchée, & que l'Enfant
aduoüé par le feu sieur de Saint Geran & elle, estoit fils
de Iacques Beaulieu & de Marie Pigoreau : mais la Dame
de S. Geran s'estant escriée contre cette imposture, & fait
voir par des raisons inuincibles que cette preuue n'estoit
point receuable, & qu'elles n'en demandoient la permission au Conseil, que parce que le fonds du procez n'y
estant pas connu elles esperoient de le pouuoir plus facilement surprendre, il y eut Arrest du 9. Auril 1661. par
lequel le Roy en personne éuoquant à soy tant le procez
Criminel pendant à la Tournelle, que les appellations
respectiuement interjettées, & la Requeste du 7. Ianuier,
renvoya les parties aut trois Chambres assemblées, pour
sur le tout leur estre fait droit coniointement ou separé-
ment ainsi que par lesdites trois Chambres seroit iugé bon
estre.

Cét Arrest a esté executé, la Cour a retenu la cause,
sur les appellations les parties ont esté appointées au
Conseil, à mettre sur la Requeste du 7. Ianuier, & le tout
ioint au procez principal distribué à Monsieur Menardeau,

D iij

On a écrit, produit & contredit de part & d'autre, & le procez mis au Parquet, il a esté veu & examiné de nouueau pendant treize matinées, & Monsieur le Procureur General a pris ses conclusions, par lesquelles : *Il n'empesche pour le Roy, sans s'arrester à la Requeste des Dames Marie de la Guiche & Eleonor de Boüillé, du 7. Ianuier 1661. En tant que touche les appellations interiettées par ladite Dame Suzanne de Longaunay, tant de l'oêtroy des Lettres d'Examen à futur, obtenuës par lesdites Dames de la Guiche & de Boüillé. Enquestes faites en execution d'icelles, & de ce qui s'en est ensuivy, que des Sentences du Preuost de Paris, ou son Lieutenant Ciuil, des 6. & 8. Feburier 1659. portant entherinement des Lettres de Benefice d'Inuentaire, au profit desdites Dames de la Guiche & de Boüillé, pour estre receuës à se dire & porter heritieres beneficiaires de feu Messire Claude de la Guiche, Comte de S. Geran. Les appellations, Sentences & ce dont a esté appellé estre mis au neant : Emendant sur les appellations interiettées par lesdites Dames de la Guiche & de Boüillé, de la Sentence de dation de tutelle, renduë par le Seneschal de Bourbonnois, ou son Lieutenant General à Moulins, & Aête de cette curatelle faite en consequence, des 8. & 17. Feburier 1659. Les parties estre mises hors de Cour & de procez : Ce faisant ledit Bernard de la Guiche maintenu & gardé dans la la possession & ioüissance des biens dudit deffunt Messire Claude de la Guiche Comte de S. Geran, comme son Fils, naturel, legitime & heritier : Et deffenses faites ausdites Dames de le troubler; & au surplus declare qu'il persiste aux Conclusions cy-deuant prises à l'égard de Marie Pigoreau veufue de Beaulieu & autres accusez, & requiert droiêt estre fait sur icelles.*

Il y a grand sueit d'esperer que l'Arrest sera conforme aux Conclusions, & que le Roy ayant commencé à détruire l'imposture par la main de son Procureur General, il acheuera ce grand ouurage par la voix de sa Iustice Souueraine.

Les Dames appellantes font toutes sortes d'efforts pour se détacher du procez criminel, & quitter en apparence le mauuais party de deux miserables accusées, pour en former vn troisiesme, qui seruiroit comme de Trouppes Auxiliaires à la plus funeste & à la plus lasche de toutes les conjurations, contre le dernier masle de leur propre

Famille : Mais quand elles se voyent forcées par l'authorité d'vn Arrest de demeurer sous les premieres Enseignes
qu'elles auoient suiuies , & qu'elles prevoyent qu'il faut
succomber auec infamie dans vn si lasche & si honteux
party, qu'elles se sont volontairement choisies : Elles combattent en desesperées, & ne rafermissant leurs forces lan-
guissantes que par la pesanteur & l'impetuosité de leurs
coups,

> *Dum feriunt odere suos , animosque labantes ,*   *Lucain.*
> *Confirmant ictu.*

Elles ont publié vn Factum, qui est plustost vn Libel-
le diffamatoire, qu'vne Apologie raisonnable ; & toutesfois le dessein de la Dame Intimée n'est pas de repousser
l'iniure par l'iniure, ny la force par la force ; quoy qu'on
l'ait attaquée en Ennemie, elle se deffend en Sœur ; & s'il
luy arriue de faire quelque legere picqueure aux Appellantes, ce sera plustost pour tirer le sang qui leur cause la
fiéure, que pour les offenser ; pour le purifier, que pour le
répandre ; pour les guerir, que pour les blesser.

Il semble à considerer le tableau & la peinture de ce
Factum, qu'elles n'ayent trempé le pinceau que dans le
fiel & dans le sang, tant les couleurs en sont rudes & af-
freuses : Mais la verité n'aura pas si tost passé l'éponge là-
dessus, que la Nature paroistra dans sa naïfueté & sa pu-
reté toute entiere en la personne de l'Intimée , qui ne
combat que pour la faire vaincre contre l'imposture &
l'auarice.

Les Tragedies anciennes n'ont rien de si estrange dans
leurs fictions , que ce procez dans ses veritables circonstances.

Si cet Enfant naist, on corrompt celle qui le doit receuoir à la vie, pour le liurer à la mort.

Si cet Enfant se produit en Iustice , on suppose
vne fausse Mere, qui le reclame pour le liurer à l'infamie.

Il semble qu'il n'ait point esté permis de l'engendrer
ny de le reconnoistre.

La Nature le veut-elle produire, vne furie se met à la porte de la vie pour l'empescher d'y entrer.

Sa Mere le veut-elle auoüer, vne Megere se poste sur le sueil de la Iustice pour l'en chasser: si la Sage-Femme le manque dans les entrailles de celle qui luy a donné la vie, cette autre vipere le vient chercher iusques dans son sein, & entre les bras de ses Iuges.

Pour luy, on veut que le iour se tourne en tenebres, l'honneur en infamie, la vie en vne mort ou en vne misere qui la surpasse.

Il ne restoit pour assortir toutes ces impostures dans la nature, que de vouloir persuader des paradoxes à la Iustice.

Que la Cour auant que d'entrer dans les preuues, entende, s'il luy plaist, les contre-veritez des Dames appellantes.

Pour suposer vn Enfant, il faut estre d'intelligence auecque la Sage-Femme.

La Dame Comtesse de S. Geran a fait condamner la sienne à mort, tant elles sont d'accord ensemble.

Pour supposer vn Enfant, les Femmes attendent la mort de leurs maris.

La Dame de S. Geran ne fait que suiure le sien & l'accompagner dans la reconnoissance de celuy-cy, tant elle a dessein d'imposer à sa memoire.

Pour supposer vn Enfant on écarte toutes les personnes interessées.

La Dame de S. Geran appelle à ses couches son Mary, sa Mere, la Dame de Boüillé sa sœur, & ses principales parentes, tant elle les a pour suspectes.

La Sage-Femme a reconnu la verité de l'accouchement par toutes ses Interrogatoires.

Le Sieur de S. Geran pendant sa vie l'a publié en Iustice & confirmé à l'article de la mort par deux Testamens.

La Dame de S. Geran appelle auiourd'huy à son secours & le Ciel & la Terre pour la deffense de cette verité: mais tous ces témoignages ne peuuent pas persuader les Dames de Ventadour & du Lude, elles sont plus sçauantes dans

l'histoire

l'histoire d'vne naissance que le Pere, que la Mere & que la Matrône.

Tout ce qui s'opose à leur passion n'est que chimere, l'heritier d'vn grand nom n'est qu'vn phantosme.

L'accouchement d'vne sœur n'est que vision, la verité escrite dans vn testament qui a formé le dernier souspir de la vie de son frere n'est qu'vne fable, en vn mot son frere est vn imposteur, sa sœur vn infame, mais la Beaulieu contre laquelle Monsieur le Procureur General a requis la mort, estoit vne femme de merite.

La Sage-Femme condamnée à la corde pour le plus abominable de tous les crimes, est vne femme de bien.

On a veu les Dames de Ventadour & du Lude appellantes pour elles d'vne Sentence de mort, & opposantes à l'execution de plusieurs Arrests pour soustenir leur innocence, & si elles les abandonnent aujourd'huy, c'est que l'vne estant morte & l'autre fugitiue on n'en sçauroit plus tirer de secours.

Apres cela que l'imposture se donne autant de licence qu'il luy plaira.

Quiconque aura veu les Dames appellantes soustenir des Criminelles & persecuter leur propre sang, celuy-là ne sera surpris ny de leurs calomnies ny de leur opiniastreté.

La seule grace que demande la Dame de S. Geran, est qu'il plaise à la Cour de considerer, combien il est plus vray-semblable que les Dames appellantes ayent esté d'intelligence auec la Sage-Femme qui a suprimé l'Enfant, puis qu'elles la deffendent du dernier supplice, que non pas la Dame de S. Geran pour le supposer, puis qu'elle l'a fait condamner à mort, du reste elle s'abandonne volontiers à son innocence & à la religion de ses Iuges.

La Prouidence qui a sçeu tirer le secret de la naissance de son fils de l'abisme des tenebres, n'a pas fait ce miracle pour glorifier le crime, ny tiré cét or de la mine pour le faire retourner en terre.

Elle conuoque auiourd'huy tous les Sages & toutes les puissances pour le iugement de ce procez, parce que la vertu & la memoire du nom de la Guiche qui pouuoit vaincre dans vn tribunal particulier , ne pouuoit eſtre couronnée que par les trois Chambres aſſemblées.

Elle preſeruc vn Enfant venant au monde de la fureur de ſes ennemis, pour monſtrer que la poſterité des Grands por-te vn caractere qui les rend inuiolables dans leurs plus gran-des infirmitez.

Seroit-il poſſible que tous ces Priuileges ne ſeruiſſent ſeulement qu'à la confuſion de l'innocence, & que le Ciel n'euſt tiré cét Enfant des Tenebres que pour le faire perir au iour, ne l'euſt deliuré des mains de ſes Ennemis que pour le deffaire par celles de ſes Iuges, ne l'euſt ſauué du precipice que pour l'abyſmer dans le port, & garanty de la fureur que pour le ſacrifier ſur cet autel de la Iuſtice & de la Miſericorde ?

Combien eſt-il plus iuſte de croire, que puis qu'il le conduit au port il veut ſon ſalut, que puis qu'il le produit au iour il publie ſes veritez, que puis qu'il le deffend de leur fureur il le veut conſeruer ?

Il eſt donc temps que cét Enfant expoſe ſes miſeres, puiſque c'eſt icy le lieu où elles doiuent finir : & qu'vne fois le public ſoit détrompé de tant de fauſſes impreſſions que l'on a reſpandu, afin que chacun ſçache, que ſi les faux bruits ont leur cours parmy les peuples, il n'y a que la verité qui ayt lieu dans les Iugements.

Il eſt donc temps qu'on faſſe voir par les preuues aux Dames appellantes que leur entrepriſe eſt vne veritable coniuration contre leur famille, & que cét Enfant qu'ils veulent deſtruire eſt le ſang de leurs Anceſtres, & toute l'eſperance de leur poſterité. Qu'en cette affaire il ne s'agit pas ſeulement de la ruine d'vn nepueu, mais des funerailles de toute leur Race, & du nom glorieux de la Guiche ; que cette guerre qu'ils ont declarée à leur frere & à leur famille, eſt la plus ſanglante qui ſe ſoit iamais faite en Iuſtice, & que leurs Iuges meſmes en auront de l'horreur.

En vn mot, il eſt temps de leur adreſſer ces belles paro-les d'vn grand Poëte ;

Ad cineres saltem supremaque iusta tuorum,
Sæua veni non hic solum accensura nepotem,
Stat consanguineum campo scelus ---
*   --- Medÿ bellare togata*
Strage fori, stupuère patres conamina tanta
Conatusque tuos.

PREVVES DE TOVS LES FAITS
aduancez par la Dame de Saint Geran, & que l'on diuise en quatre faits principaux.

LE premier, que ladite Dame a esté grosse au veu & au sceu de toute la Prouince & de sa famille, & qu'elle est accouchée dans le Chasteau de S. Gerah au mois d'Aoust en l'année 1641.

Le second, que l'Enfant dont elle est accouchée, a esté enleué par Beaulieu l'vn des Maistres d'Hostel du Sieur de S. Geran, & que cet enleuement se fit par l'intrigue du Sieur Marquis de S. Maixant & de la Dame Marquise de Boüillé.

Le troisiéme, Que Marie Pigoreau, dite Beaulieu, a receu l'Enfant des mains de son beau-frere, l'a fait baptiser à Saint Iean en Greve, nourrir à Torcy comme le fils d'vn grand Seigneur qui luy auoit esté confié, & l'a enfin rendu audit Beaulieu sous le nom de Henry son second fils.

Le quatriéme, Que l'Enfant rendu est le mesme que la Beaulieu a fait nourrir à Torcy, & reconnu pour estre le fils des Sieur & Dame de S. Geran.

La preuue du premier faict qui concerne la grossesse, n'est pas difficile; car comment pourroit-on mieux establir cette verité, que par la propre confession de l'accusée, qui fait l'abregé de toutes les preuues, selon la pensée de l'Orateur Romain, lequel pour ne pas tenir l'esprit de ses Iuges en suspens dans vne accusation capitale, commence son Plaidoyer par ces mots, *Habemus confitentem reum.*

La Sage-femme interrogée par le Lieutenant Particulier

Interroga-
toire , 17.
Mars 1650.

de Moulins fur le faict de cét accouchement, confeffe auoir
accouché la Dame de S. Geran , d'vn Enfant mafle, qui
eftoit fort vif, & qu'elle le mit entre les mains de Beaulieu
Maiftre-d'Hoftel, qui l'enleua; ce qu'elle a depuis confirmé par vn autre Interrogatoire qu'elle a fuby à la Cour pardeuant Monfieur le Rapporteur, où toute la verité fe trouue tellement éclaircie, qu'il ne refte pas mefme aucun fcru-
pule raifonnable à former: car eftant interrogée par Monfieur Menardeau en vertu d'Arreft de la Cour, a dit, qu'il
falloit bien que la Dame de S. Geran fuft groffe, puis qu'elle alla au Chafteau de S. Geran pour l'accoucher.

Interroga-
toire fuby
à la Cour ,
le
pag.2.verfo.

Auoüe auoir dit à ladite Dame , & à plufieurs perfonnes
audit lieu de S. Geran, qu'elle eftoit groffe, & qu'elle auoit
fenty remuer fon enfant.

fol. 5.

A dit que lors que Madame de S. Geran accoucha, il n'y
auoit dans fa chambre que le fieur de Beaulieu & vn autre
homme qu'elle ne connoift point. Ne fe fouuient de l'heure
de l'accouchement; mais declare que ce fut Beaulieu qui
emporta l'Enfant, lequel il a depuis rendu aux Sieur & Dame de S. Geran, fous le nom de Henry fon neueu.

Interrogée comme Beaulieu emporta l'Enfant, a répondu qu'elle auoit perdu toute connoiffance , & qu'il falloit
bien qu'il y euft du malheur.

Interrogée comme elle n'appella perfonne lors de l'accouchement, & en quel eftat eftoit ladite Dame.

fol. 5. & 6.

A répondu qu'elle ne s'en fouuient point, & que tout cela a efté fait par mefchanceté , & qu'elle n'en eft pas la
caufe; que ledit Beaulieu qui a fouftrait l'Enfant, l'a rendu
à ladite Dame ; & que fi elle répondante euft eû du fenti-
ment lors dudit enleuement, elle euft plûtoft receu cent
coups de poignard, que de fouffrir que cét Enfant fuft enleué, qu'elle s'eft toûjours remife deuant les yeux & dans fa
memoire, que Beaulieu auoit enleué cet Enfant afin de ne
le pas oublier.

fol. 7.

Que Beaulieu, auant mourir , auoit voulu décharger fon
ame, en rendant à Monfieur & à Madame de S. Geran l'Enfant qu'il leur auoit enleué.

Remonftré que cet Enfant n'auoit pas efté enleué fans
qu'il y euft vn complot.

A dit que oüy, qu'il falloit bien que ce fust par vn com- *fol. 8.*
plot, mais qu'elle n'en est pas la cause, & qu'elle n'en a iamais rien sceu; & qu'il falloit bien qu'elle laissast emporter
ledit Enfant par Beaulieu, parce qu'on auoit osté toute connoissance à elle répondante.

Auoüe auoir dit deuant le Lieutenant Particulier de
Moulins, que la Dame de S. Geran estoit accouchée d'vn
enfant masle, qu'elle s'en estoit dédite, parce qu'en Confession on luy auoit dit qu'il ne falloit pas dire cela; mais *fol. 9.*
qu'il estoit vray.

Remonstré qu'elle a dit à plusieurs personnes auoir accouché la Dame de S. Geran d'vn enfant masle; & mesme au
Lieutenant Particulier de Moulins; a répondu que si elle
l'a dit, elle le dit encore à present, & que c'est la verité, *fol. 11.*
qu'elle l'a accouchée d'vn enfant masle, sans qu'elle répondante eust aucun sentiment, & n'auoit connoissance de personne, estant lors comme vne beste qu'on auoit yurée.

Remonstré par Monsieur le Commissaire, que puis qu'elle estoit en cet estat, elle ne se peut souuenir dudit accouchement.

Répond, qu'au temps de l'accouchement elle estoit en *fol. 11.*
son bon sens, mais qu'aussi-tost elle perdit toute connoissance & tout iugement.

Interrogée qui estoient les conspirateurs de cet enleuement, & ce qu'elle a receu pour le souffrir.

Répond, qu'elle n'en a iamais rien eû, & qu'il y a tant *fol. 13.*
de besogne dans cette affaire, qu'elle n'en peut dire autre
chose: mais qu'elle sçait asseurément que l'Enfant rendu
par Beaulieu, est celuy dont la Dame de S. Geran est accouchée.

Interrogée si elle a fait écrire vne lettre depuis qu'elle
est dans la Conciergerie à la Dame de S. Geran.

Reconnoist qu'elle luy a écrit de la main de la Damoisel- *fol. 13.*
le du Verdier, & qu'elle auoüe tout ce qui est porté dans
ladite lettre, l'ayant dictée, & mis sa marque au bas.

La lettre luy ayant esté representée, a reconnu qu'elle
l'auoit fait écrire à la Dame de S. Geran, & qu'il estoit vray
qu'elle l'auoit accouchée d'vn enfant masle qui estoit à pre- *fol. 14. 15.*
sent chez elle; que lors de son accouchement elle mit ledit *& 16.*

Cette Lettre est produite au procés, & a esté representée à la Damoiselle du Verdier par M du Tillet, le 3. Iuillet 1657. qui a reconnu l'auoir écrite à la priere de ladite Goliard, qui la luy a dictée.

enfant entre les mains du sieur de Beaulieu, & d'vn autre qui estoit auec luy, qu'elle ne connoist point, ne l'a iamais connu, & ne sçait quel il est ; qu'elle sçait bien neantmoins que c'est son Enfant qui luy a esté rendu par ledit Beaulieu, & que c'est ce qu'elle luy a fait écrire par ladite Damoiselle du Verdier pour luy demander pardon.

Cette declaration doit suffire, pour persuader les plus incredules ; car on ne croira pas qu'vne accusée, par complaisance ou par subornation, voulust reconnoistre des veritez qui emportent vne condamnation infaillible de mort : mais d'ailleurs les dénegations opiniastres de cette femme, & les stratagemes pour cacher la verité, dans deux premiers Interrogatoires prestez pardeuant le Iuge des lieux, font bien connoistre la foy qui est deuë à cette declaration.

Car il est estrange que cette malheureuse ne pouuant pas dénier la grossesse, ny mesme l'accouchement de la Dame de S. Geran, à cause des preuues inuincibles qui en sont au procez, elle dit d'abord qu'elle n'estoit accouchée que d'vne petite-fille morte, venuë dans vne perte de sang.

Interrogée pourquoy elle ne la monstra pas. Répond qu'elle la monstra à la Damoiselle de Sequeuille, qui luy, deffendit d'en parler à personne.

La Damoiselle de Sequeuille étoit morte alors, ce qui donna lieu cette réponse.

Interrogée pourquoy elle ne la monstra pas à la Dame Marefchalle qui estoit sur les lieux, au sieur des Essars Medecin ordinaire de la Maison, ou à quelque autre. Répond, que comme cette petite fille estoit morte, que ce n'estoit rien, & que si la Dame de S. Geran l'auoit sceu, qu'elle en seroit deuenuë folle ; mais qu'elle l'auoit enterrée dessous la montée du grenier de la basse-cour, qu'elle auoit mis vne grosse pierre dessus, & porté les linges qui auoient seruy à l'accouchement dans les fossez ; le Iuge accompagné du Medecin se transporta au lieu qu'elle auoit designé, & il ne se trouua aucune apparence de tout ce qu'elle auoit dit : de sorte que se voyant deslors conuaincuë de fausseté, aprés plusieurs autres détours qu'il seroit trop long de rapporter icy, elle reconnoist enfin la verité toute pure par le dernier Interrogatoire.

Il est necessaire de faire connoistre en cet endroit la bonne foy & la sincerité auec laquelle les Sieur & Dame de S.

Geran ont commencé & poursuiuy ce procez. Aprés cette
premiere declaration de la Sage-femme, la Dame de Saint
Geran qui l'auoit fait arrester par l'ordre de Madame sa Mere, luy donna auis de ce qu'elle auoit dit par vne Lettre, que
la Cour est tres-humblement suppliée d'examiner ; les appellantes l'ont produite, cottée dans leur Inuentaire de la
lettre I, dont la réponse que fit Madame Mareschalle est cy-
aprés transcrite :

A Bagnaux ce premier iour de Mars 1649.

MA chere Fille, ie prie à Dieu qu'il soit nostre consolateur, Cette lettre
ie vous asseure que vos Lettres m'ont tellement saisies, que a esté recon-
ie ne sçay que dire, sinon que cette méchante femme est digne de nuë par la
mort, que ie croy que vous ne deuez pas manquer de la mettre en- Dame de S.
tre les mains de la Iustice : ie ne doute point que Monsieur vostre Geran, à la
Mary ne ressente la perte qu'elle luy a causée de nostre petite fille, requeste de
auecque grand déplaisir ; voila la plus noire & la plus sinistre action la Beaulieu,
du monde, ie ne puis que vous dire pour vostre consolation que ce le procés
que ie fais de tout mon pouuoir de prendre pour moy, qui est que verbal de
nous sommes à Dieu & nos Enfans aussi, & qu'il peut disposer de reconnois-
tout, & tirer sa gloire de ce qu'il luy plaist ; ie ne manqueray de sance.
vous enuoyer visiter & témoigner de tout mon pouuoir qu'auec pas-
sion ie vous desire bonheur, & suis,

MA CHERE FILLE,

Vostre affectionnée Mere,

AVX ESPAVLES.

Cette lettre
a esté recon-
nuë & pro-
duite au
procés cri-
minel. Il y
en a plu-
sieurs au-
tres de la
mesme for-
ce, écrites
par la mes-
me Mares-
challe aux
Sieur &
Dame de S.
Geran, pen-
dant le cours
du procés,
qui ont esté
reconnuës
& produi-
tes.

Ie suis la Seruante de Monsieur vostre Mary & de ma Niepce
de Bellefonds, ie suis tellement troublée de cette mauuaise nouuelle,
que ie ne puis écrire à ma Cousine de Montaret, ie suis sa Ser-
uante, ie vous prie qu'elle le sçache, ie leur escriray bien-
tost à toutes deux, & les supplieray de pardonner à ma foi-
blesse.

Dame Gilberte de Rouer, qui a esté nourrie Damoiselle

chez la Dame Mareſchale, a depoſé qu'elle auoit eſté chargée d'elle, de dire à la Dame de S. Geran qu'elle eſtoit
obligée en conſcience de pourſuiure iuſques à la mort
cette Sage-Femme qui les auoit tous ſi malicieuſement
trompez.

Claude Guillemain fils de la Sage-Femme, apres que
ſa mere fut morte dans les priſons de la Conciergerie, a
reconnu à la confrontation qui luy fut faite des nommez Gilbert du Chat, & François Boüy témoins oüys en
l'information faitte par le Lieutenant General de Cuſſet,
que ſa Mere luy auoit ſouuent dit que la Dame de S. Geran eſtoit accouchée d'vn fils, que Beaulieu auoit enleué,
que celuy qu'il auoit rendu ſous le nom de Henry ſon
nepueu eſtoit le meſme qu'il auoit ſouſtrait, que la Dame
de Boüillé l'auoit ainſi declaré à ſadite Mere, que s'il ne
l'auoit pas auoüé dans ſon Interrogatoire deuant Monſieur
le Rapporteur, c'eſt qu'il craignoit de faire pendre ſa mere,
mais qu'auiourd'huy que le peril en eſtoit dehors, & qu'il
ne pouuoit plus auoir cette honte, il reconnoiſſoit
la verité, & meſme que la Dame de Ventadour luy
auoit fait donner trois piſtolles pour venir à l'adjourne-
ment perſonnel qui luy auoit eſté ſignifié; qu'eſtant à Paris
le nommé Durier Intendant de ladite Dame de Ventadour l'auoit ſouuent viſité chez ſon Procureur, pour ſçauoir l'eſtat de l'affaire de ſa Mere, & touſiours fort aſſuré
qu'elle n'auroit point de mal, que l'on auoit payé ſon Aduocat, adioûtant qu'auſſi-toſt que ſa mere fut arreſtée
priſonniere, il auoit eſté de ſa part en aduertir la Dame
de Boüillé qui eſtoit alors à Salligny, laquelle tira de luy
vne procuration qu'elle enuoya à Paris à ſon Procureur pour
obtenir vn Arreſt de deffence de paſſer outre à ſon procez, ce qu'elle fit à ſes frais, meſme luy donna des Archers
pour le ſignifier.

La groſſeſſe de la Dame de S. Geran a eſté ſi manifeſte
dans la Prouince de Bourbonnois, & dans toute la famille
du Sieur de S. Geran ſon Mary, que les Dames appellantes, qui ont taſché de donner atteinte à toutes les veritez de ce procez, n'ont pû diſconuenir de celle-cy : la
Dame de Ventadour en pourroit témoigner elle-meſme,

ayant

*Inform. &
conf. par
deuant le
Iuge de
Cuſſet le 2.
Ianvier
1658.*

ayant pluſieurs fois ſenty remuer vn Enfant dans les coſtez de ſa ſœur lors qu'elle vint à S. Geran pour aſſiſter à ſes couches auec la Dame Mareſchalle ſa Mere.

Le Sieur de S. Geran a eſté bien perſuadé de la groſſeſſe *Cette Lettr.* de la Dame ſa femme, & la lettre qu'il écriuit à la Dame *eſt produite* Mareſchalle, où il luy mande que ſa fille a ſenty ſon Enfant *par les ap-* depuis ſon retour en Bourbonnois, & qu'il la ſupplie de *pellãtas ſous* de venir aſſiſter à ſes couches, & nommer l'Enfant qu'elle *la cotte E, de* fera, en eſt vne preuue aſſeurée. *taire.*

La Dame Mareſchalle n'a pas douté non plus de la groſſeſ-ſe de la Dame ſa fille, elle auoit ſenty remuer ſon Enfant durant ſon ſejour à Paris, & la lettre qu'elle écriuit au ſieur *Cette Lettre* de la Haye Orfévre peu de iours aprés ſon arriuée à Saint *eſt du 8.* Geran, & qu'elle fut confirmée de cette verité, ne reçoit *Iuillet 1641* point de contredit, elle luy mande que ſa fille accouchera *connuë &* dans ſept ou huit iours, & qu'il luy enuoye en diligence vn *produite au* poiſlon, vn hochet, & le reſte de la vaiſſelle neceſſaire ſans *procés.* dorure, parce que ſon petit-fils eſtoit voüé au blanc.

Dame Catherine de la Baume Marquiſe de Chaſteaumo-rand, Dame Anne Doiſilet Dame de Montaret & du Cha-ſtelard, Dame Iſabelle Dalbon Dame de Beaupoirier, Da-me Gilberte de Rouer femme du ſieur du Fé, Damoiſelle Guillemette Menudet veſue du ſieur des Monceaux, M. Michel des Eſſars Docteur en Medecine, M. Loüis Gay Chirurgien, Suſanne Dauſſi, Damoiſelle Ieanne Reuerdy, Robert Maillard, Eſtienne Guerin, Pierre Queſſon, Fran-çoiſe Mellard, Touſſainct Maduel Cocher, Marc Iaſpard, Marie Cultier priſe pour Nourrice, Benoiſte Phelipon, & plus de vingt autres témoins oüys, recollez & confrontez par le Lieutenant Particulier de Moulins, prouuent inuin-ciblement la groſſeſſe de la Dame de S. Geran, la pluſpart pour auoir veu ſon ventre & ſon ſein fort gros, & ſenty re-muer ſon Enfant; les autres pour l'auoir oüy dire à la Sage-femme, & veu que dans toute la maiſon c'eſtoit vne choſe *Informatiã* publique & conſtante. Le Cocher dit que la Dame Mareſ-*du Lieute-* challe luy recommanda pluſieurs fois en partant de Paris, de *nant Parti-* conduire ſa fille doucement, de peur qu'elle ne ſe bleſſaſt. *culier de* La Dame de Chaſteaumorand paſſant à Saint Geran, fut *Moulin, des* vne de celles qui ſentirent l'Enfant; elle trouua la Dame de *3 & 25. Aouſt, & 20. Octobre 1649.*

Saint Geran coufant elle-mefme aux langes, & veftuë comme vne femme bien aduancée dans fa groffeffe, & dit que
la Dame Marefchalle feroit partie de Paris, auffi-toft qu'elle eut receu la lettre du Sieur de Saint Geran, n'euft efté
qu'elle vouloit auparauant donner ordre à la Layette qu'elle deftinoit pour fon petit-fils.

Dame Charlotte Catherine de Grandmont Marquife de
S. Chaumont.

Dame Marie de Bellefond Marquife de Villars.

Dame Henriette de Coulange Marquife de la Trouffe.

Dame Anne de Leliere Marquife de Creuant, ont efté
oüyes pardeuant Monfieur du Tillet Confeiller de la Cour,
& par leurs depofitions il fe verra vne confirmation indubitable de la groffeffe de la Dame de Saint Geran. Que la
Dame de Villars eftant couchée auec elle, reuenant de Paris, a fenty remuer fon Enfant : Qu'en l'année 1641. enuiron le mois de Iuin, qui eftoit le feptiéme de fa groffeffe,
ayant fait quelque effort, plufieurs femmes du voifinage la
vifiterent fur cet accident, & creurent que fon Enfant eftoit
defcendu ; on luy fit quelque remede. Ladite Dame de
Villars mefme touchant le ventre de la Dame de Saint Geran, fentit comme la tefte d'vn enfant : Qu'au mois d'Aouft
fuiuant, vn iour de Fefte, ladite Dame eftant au bout du
terme de fa groffeffe, la Dame Marefchalle & quelques
autres Dames qui eftoient auec elle au Chafteau de S. Geran, la firent deshabiller, & la coëfferent comme vne femme qui doit accoucher : Que les douleurs l'ayant prife dans
la Chapelle, elle fut portée dans fa chambre où la couche
eftoit preparée : Que la Dame Marefchalle luy auoit fait venir de Paris, quelque temps auant fon accouchement, vn
manteau commode pour vne femme groffe, & la Layette
de fon Enfant : Qu'aprés le temps de fon accouchement la
Dame Marefchalle & la Damoifelle de Saint André confi-
deroient des linges, qui auoient feruy à l'accouchement,
auec vne attention extraordinaire, parce qu'il y auoit commencement de perte de laiƈ : Ladite Dame de Villars ad-
joûtant, que quelque temps auant la mort de la Dame Marefchalle, elle luy auoit dit, eftant dans fa maifon de Bai-
gnaux, qu'elle auoit fenty remuer l'Enfant de la Dame de

S. Geran ſa fille de la meſme façon qu'elle auoit ſenty remuer les ſiens. Et toutes leſdites Dames depoſantes aſſeu-
rent, qu'elles ont touſiours oüy dire à la Dame de Saint
Geran qu'elle eſtoit accouchée au mois d'Aouſt 1641. &
qu'on luy auoit enleué ſon Enfant, la perte duquel leſdites
Dames luy ont veu fort ſouuent pleurer, & ſe plaindre de
la peine où elle eſtoit, de ſe ſentir obligée par ſa propre
conſcience, & la certitude où elle eſtoit d'eſtre accouchée,
de chercher ſon Enfant en quelque part qu'il puiſſe eſtre,
& de commencer vn grand procez.

Dans les Informations faites par le Lieutenant Particulier de Moulins cy-deuant dattées, & les depoſitions de
Iean Beaugé, Anne Iacquinot, Ieanne Fortumé, Ieanne
Prud'homme, Marie Gardinot, Catherine Denidet, & autres témoins oüis pardeuant le meſme Iuge; il ſera aiſé de
voir pluſieurs particularitez de l'accouchement de la Dame
de Saint Geran, & comme elle fut priſe des douleurs de
l'enfantement au mois d'Aouſt mil ſix cens quarante-vn,
qu'elle fut portée dans ſa chambre, qu'elle fut long-temps
en trauail, que Madame la Mareſchalle & pluſieurs autres
perſonnes, qui ne faiſoient qu'incommoder dans cette
chambre, en ſortirent, que la Dame de Boüillé, Françoiſe
& Michelle Quinets ſes femmes de chambre y reſterent
ſeules, & que perſonne n'y entra plus que ceux qu'il plaiſoit
à la Sage-femme; que cette malicieuſe Matrone a dit à
pluſieurs deſdits témoins que la Dame de Saint Geran eſtoit
accouchée, mais qu'il n'en falloit pas parler; qu'ils luy ont
veu lauer les linges enſanglantez, qui auoient ſeruy à l'accouchement; qu'elle fut ſurpriſe en portant d'autres mouil-
lez, & dans leſquels il paroiſſoit comme du laict d'vne femme nouuellement accouchée : Catherine & Feliberte Re-
din femmes de chambre, qui ſeruoient la Dame de Saint
Geran lors de ſon accouchement, & qui ſont auiourd'huy
du party des Dames appellantes, n'ont pû s'empeſcher de
dire par leurs depoſitions, que la Dame de Saint Geran a
touſieurs creu eſtre groſſe depuis ſon ſejour à Paris, en l'année 1640. qu'elle en a eu des marques éuidentes durant
le chemin, reuenant à Saint Geran; & depuis ſon arriuée
iuſques au mois d'Aouſt 1641. qu'eſtant priſe des douleurs

Informatiõ du Lieute-nant Parti-culier de Moulins, re-colez à leur depoſition depuis la mort du Sieur de S. Geran, par le Lieute-nant Crimi-nel de Saint Pierre le Moutier, le 28 Feurier 1659.

Informat. du Lieute-nant Parti-culier de Moulins. 23. Aouſt 1649.

pour accoucher, elle fut portée à sa chambre où tout estoit
preparé, que les Nourrices & Seruantes furent aduerties de
se tenir prestes ; que la Dame de Bouïllé & les Quinets qui
la seruoient estoient dans la chambre, qu'elles y porterent
les langes de l'Enfant, dont elles estoient chargées, & qu'a-
prés elles se retirerent ; que depuis elles ont veu pleurer plusieurs fois la Dame de S. Geran, disant qu'on luy auoit enleué son Enfant.

Information
du Iuge de
Cusset.

Dame Claude de Monjournal Baronne de Saint Polgue,
depose de la grossesse de la Dame de Saint Geran, & ioint à
sa déposition vne Lettre que luy écriuit de Saint Geran la
Dame de Saligny sa belle-mere, par laquelle elle luy fait
les excuses de la Dame de Saint Geran, disant qu'on ne luy
auoit pas voulu permettre d'écrire, parce qu'elle estoit tra-
uaillée depuis quelques iours de tranchées.

Information
de Moulins,
1649.

Charlotte Morain, qui a esté la Nourrisse du Sieur Comte de Saint Geran, a deposé qu'estant à Saint Geran aux
couches de la Dame Comtesse au mois d'Aoust 1641. elle
veit comme ladite Dame fut prise des douleurs, & portée
sur la couche, que Madame la Mareschalle & la Dame de
Bouïllé estoient dans sa chambre, que la Goliard Sage-
femme s'approchant du lict de ladite Dame, la frotta de
quelque chose qu'elle auoit dans vne boëte ; que la Dame
Mareschale sortit de la chambre, & quantité d'autres personnes auec elle ; que la déposante sortit aussi, parce qu'elle
auoit la fiévre, adjoustant qu'elle a plusieurs fois senty remuer l'Enfant de ladite Dame, & qu'on n'a iamais douté de
sa grossesse.

Moulins,
30 Avril,
1654.

Marguerite Tiercelin depose, que la Dame de Saint Geran estant dans les douleurs de l'accouchement, la Dame de
Bouïllé estoit dans sa chambre, que Dada tenoit ladite Dame par la main durant ses tranchées ; que la Dame Mareschalle s'estant retirée, la Sage-femme luy fit prendre vn
breuuage, qui l'endormit ; ouït, que la Sage-femme disoit
à la Dame de Bouïllé, que la nuict ne se passeroit pas que
la Dame de Saint Geran n'accouchast ; qu'vne des femmes
de chambre de la Dame de Saint Geran estoit presente, mais
croit que ladite Dada luy donna des commissions pour sortir ; qu'à l'égard d'elle qui dépose, ce fut pour aller seruir

sa Maistresse qu'elle sortit.

Antoine Moderat Concierge de Chantelle, depose que la Golliard estant dans ses prisons, Claude Guillemain son fils la venoit souuent visiter, & qu'vn iour s'entrebaisant, le fils dit à la mere qu'elle luy donnoit bien de la peine: elle luy répondit, ie ne puis plus demeurer icy, l'on me presse trop en Iustice, & autrement ie suis resoluë de m'en sortir, & de dire la verité ; à quoy Guillemain répondit qu'il falloit bien auiser comme elle la diroit : mais elle témoigna lors n'auoir pas peur de mourir dans le païs,& qu'elle y estoit bien appuyée.

Nicolas Pallierne Tresorier de France, François Hardy Sieur Desloges, Me Gilbert Cordier Esleu à Moulins Iacques Pied-de-neuf Marchand, Dame Marguerite Aubert femme du sieur Pallierne Tresorier de France , Dame Henriette de Lorme veufue du sieur Brinon Tresorier de France , témoins oüis par le Lieutenant Particulier de Moulins, ont desposé vnanimement que la Golliard leur auoit dit que la Dame de S. Geran estoit accouchée d'vn Fils, lequel Beaulieu auoit pris entre ses mains, qu'elle n'eust que le loisir de luy lier le nombril, & qu'aussi-tost l'Enfant & ce qui le suit furent mis dans vn linge que ledit Beaulieu auoit apporté expres, qu'il emporta cet Enfant sans luy dire autre chose, & sans qu'elle sçeust la raison pourquoy il l'enleuoit.

15. Mars
1650,

Les témoins cy-dessus oüis furent confrontez à la Golliard, elle ne donna aucun reproche, & apres lecture faite des propositions les reconnoist toutes veritables.

Conclusions à mort.

Sentence qui condamne l'accusée à mort, & ordonne auparauant l'execution qu'elle se rapresentée a la Question.

4. Iuin }
1551.
18. Iuin.
1650.

SECOND FAICT.

Comme l'Enfant eft enleué par Beaulieu , & l'enle-uement fait par l'intrigue du Marquis de S. Mai-xant & de la Dame de Boüillé.

Interrog. 19. Mars 1650.

GODEFROY Gafcon Preuoft & ancien Secretaire de Monfieur le Marefchal de S. Geran, a depofé que Beaulieu luy auoit dit que Madame de S. Geran eftoit accouchée d'vn Fils.

Par les depofitions de Iacques Canné , Concierge de S. Geran, Iean Rofiere Meufnier, Pierre Girard, Claude Bailly Iardinier, Marie Meflier, Claude de Vaux Laboureur des Efcherolles, Ieanne Saulnier, femme de Boucaud Cabaretier au Port de la Chaife, Iean Ducat, Gilles Arnault & autres, depofent clairement que Beaulieu a enleué vn Enfant du Chafteau de S. Geran au mois d'Aouft 1641. dans vne corbeille, & qu'il a paffé par vne porte du Parc. La Meflier dit, que gardant fes brebis proche la riuiere de Loire, vn Gentil-homme venant de S. Geran, eftant à cheual, portoit vn Enfant nouueau-né dans vne corbeille, qu'elle l'entendit crier, que le Gentil-homme luy demandant vne nourriffe, elle luy enfeigna la femme de Claude Gautier, où il alla faire allaiéter cet Enfant, & puis tourna vers le Port de la Chaife ; Claude Gautier dit que fa femme allaiéta l'Enfant, & qu'apres le Gentilhomme qui le portoit paffa la riuiere Dallyé, & s'arrefta chez le nommé Boucaud. Iean Ducat & Gilles Arnault de la Parroiffe de Contigny difent, que le nommé Charlet vint chez eux, & leur raconta qu'il venoit d'accompagner vn Gentil-homme du Chafteau de S. Geran, qui enleuoit vn Enfant nouueau-né deuant luy à cheual dans vn panier, qu'il auoit beu pinte de vin auec luy chez la Boucaud, & qu'il n'oferoit dire fon nom, parce qu'ayant tout pouuoir dans la maifon il le perdroit bien qu'il fuft fon compere ; Ieanne

Saulnier dit, qu'eſtant Cabaretiere au Port de là Chaiſe, *Informatiō du Lieuten. General de Cuſſet* 14. *May* 1643.
il vint deux hommes chez elle, l'vn à pied, l'autre à che-
ual, bien veſtu, portant vn Enfant dans vn panier, enue-
lopé dans des langes qui n'eſtoient que déchirez, que c'é-
toit enuiron le mois d'Aouſt 1641. qu'elle en eſt aſſurée,
parce qu'elle a vn Enfant de ce temps-là, duquel elle
eſtoit lors nourriſſe, & allaicta-cet Enfant qui fut emporté
par les meſmes perſonnes du coſté de S. Pourſin, que dans
le meſme temps on diſoit que Madame de S. Geran eſtoit
accouchée.

Paul Boithion Chartier demeurant à Gannat, petite ville
d'Auuergne, à deux lieuës de S. Pourſin, depoſe qu'il y a
enuiron dix-ſept ou dix-huict ans qu'il arriua au village du
Ché auec vn Caualier, qui portoit ſous vne grande ca-
ſaque vn Enfant emmailloté, & que l'hoſteſſe où ils eſtoient
logez eſtant nourriſſe, elle allaita l'Enfant, & le re-
mua, & voyant qu'il eſtoit nouueau-né, & encore tout
rouge, le depoſant luy-meſme, fit chauffer de l'eau pour
le lauer ; qu'apres qu'il euſt diſné, le Cavalier attacha ſon
cheual au derriere de la charette, & monta deſſus ladite
charette auec luy parce qu'elle eſtoit couuerte, & que la
chaleur incommodoit l'Enfant ; que deuiſant enſemble par
le chemin, il luy dit qu'il venoit de Bourbonnois, que cet
Enfant eſtoit de la meilleure Maiſon de la Prouince, &
qu'vn iour il reconnoiſtroit le ſeruice qu'il luy auoit rendu ; remarqua le depoſant que le cheual pouuoit bien va-
loir quatre ou cinq cens liures, qu'il eſtoit tout en nage,
que c'eſtoit aſſeurement au mois d'Aouſt, parce que les
raiſins commençoient à meurir, & lors qu'ils furent arriuez aupres de Clermont, ledit Caualier reprit ſon Enfant,
& monta ſur ſon cheual ſans luy dire autre choſe, ſinon
qu'il alloit loger au petit Paris, où toutefois il ne fut point,
ainſi que l'aprit le depoſant, du Marſtre & de la Maiſtreſ-
ſe de l'Hoſtellerie, mais il alla au village d'Eſcoutoux pres
la ville de Thiers, où l'Enfant a demeuré quelque temps,
& fut allaicté ſept ou huict iours par Gabrielle Moiniot
belle-ſœur de Iean Bertran de la Parroiſſe de Perouſe prés
Cropiere, la femme qui luy a donné du laict s'en eſt declarée, & ſon pere tout de meſme, & ont dit qu'ils ne vou-

lurent pas le garder dauantage, parce que l'on refusa de leur dire à qui il appartenoit, ou du moins qu'on leur donnaſt quelque connoiſſance dans Thiers pour le rendre en cas de neceſſité. Ce village eſt dans les montagnes & les bois, ceux qui retirerent l'Enfant tournerent du coſté de la Bourgogne, & la piſte en fut perduë.

Inf r 2. de Caſſet.

Le ſieur Fleury Auſmoſnier des Sieur & Dame de S. Geran lors de l'accouchement, & à preſent Curé proche de Lyon, a depoſé que le iour qu'on diſoit que la Dame de S. Geran accoucheroit, il ſe preſenta pour entrer dans la chambre, qu'il en fut empeſché par Beaulieu Maiſtre d'Hoſtel qui tenoit la porte fermée.

Moulins 13. Sept. 1649.

Iean Gaſcon l'vn des Maiſtres d'Hoſtel des Sieur & Dame de S. Geran, & Marc Iaſpard garçon de Cuiſine, depoſent que dans le temps de l'accouchement de la Dame de S. Geran, on leur refuſa l'entrée de la chambre, ledit Gaſcon allant ſçauoir ce qu'il y auoit à faire, on luy dit ſeulement de faire preparer vn boüillon, & que quelque temps apres il le porta, & ne pût entrer non plus qu'à la premiere fois, & fut ledit bouillon pris à la porte par vne des femmes de chambre de la Dame de Boüillé; ledit Iaſpard portant la nuiĉt vn autre bouillon on luy fit la meſme choſe qu'au ſieur Gaſcon.

Du Lieutenant Crim. de S. Pierre le Moutier le 18. Feurier 1659.

Claude Bailly qui eſtoit garçon d'office depoſe que le ſoir & la iournée que la Dame de S. Geran eſtoit en trauail d'Enfant, il fut pour ramaſſer la vaiſſelle d'argent qui pouuoit eſtre dans la chambre de ladite Dame, qu'il ne pût y entrer, & allant dans celle des Filles il vid Beaulieu, l'vn des Maiſtres d'Hoſtel qui eſtoit au coin d'vne petite allée proche de la chambre, ayant vn grand manteau gris ſur ſes épaules, & paroiſſoit tenir quelque choſe ſous le bras droit, que le lendemain de cette nuiĉt tout le monde croyant la Dame de S. Geran accouchée, eſtoient au deſeſpoir de ne voir point d'Enfant.

On ne peut pas deſirer plus de preuues d'vn accouchement, & d'vne ſouſtraĉtion; Il ne ſera pas plus difficile de faire voir que l'enlevement a eſté fait par l'intrigue du Sieur de Saint Maixant & de la Dame de Bouillé.

Gilbert

Gilbert Peroux, l'vn des Cochers du Sieur de Saint Geran, depose qu'il a plusieurs fois promené en carosse le Sieur de S. Maixant & la Dame de Boüillé, estant le plus souuent seuls, ou n'ayant auec eux que Louise Golliard Sage-Femme, qu'ils vouloient tousiours que ledit Cocher leur fist faire le tour du Parc, qui a plus de deux lieuës, afin de marcher la nuict, qu'en ayant aduerty le Sieur de Saint Geran, il luy commanda de n'y aller plus sans son ordre, ce qui fit que ledit Sieur de S. Maixant & ladite Dame de Boüillé luy en vouloient grand mal, & l'en menacerent ; dit de plus le deposant, qu'il estoit à Paris en l'année 1644. auec la Dame de Saint Geran, lors que la Beaulieu donna vn Enfant à son beau-frere Maistre d'Hostel, qui pouuoit auoir lors deux ans & demy ou environ. *S. Pierre le Moustier, le 18. Feurier 1659.*

Arnaud Eschard Maistre Perruquier de cette Ville de Paris, estant lors Valet de Chambre du Sieur de Saint Geran, depose qu'au mois d'Aoust 1641. la nuict que l'on disoit que la Dame de Saint Geran estoit en couche, il fut plusieurs fois de la part de son Maistre sçauoir des nouuelles de ladite Dame, qu'on luy respondoit au trauers de la porte qu'elle se portoit mieux ; Qu'il a souuent veu parler en particulier ledit sieur de S. Maixant & la Dame de Boüillé, & que la nuict de cet accouchement le sieur de S. Maixant fut tousiours rodant autour de la chambre de ladite Dame, que luy qui depose l'a rencontré deux fois qui parloit seul à la Sage-Femme, que le voyant il la repoussoit comme s'il n'eust point eu affaire auec elle, & puis s'approchoient, ayans peur d'estre entendus, qu'il le vid la premiere fois au bas d'vn degré particulier de la maison, & l'autre fois en vn coin au haut de la grande montée, qu'il vit faire tous les preparatifs de la couche, & comme la Dame fut prise des douleurs, mesme que personne de la maison n'auoit douté de sa grossesse ny de son accouchement, mais que l'on n'en ozoit pas parler. *Monsieur Menardeau 13. Ianuier 1657.*

Damoiselle Iacqueline de la Garde depose que le Marquis de Saint Maixant luy parlant d'amour, luy dit qu'il auoit des femmes à sa deuotion qui faisoient accoucher sans douleur, qu'il auoit eu l'adresse & le pouuoir de fai- *Moulins 1655.*

re enleuer par ce moyen le Fils d'vn Gouuerneur de Prouince , petit-Fils d'vn Marefchal de France , & venant à
parler de la Dame de Boüillé , il dit qu'il l'auoit fait riche , & enfin que leur conuerfation les portant alors à
louer le beau lieu où ils eftoient , il luy dit qu'il auoit
vn autre beau lieu, qui l'enrichiroit quelque iour , & luy
vaudroit quatre ou cinq cens mil efcus.

Adrian Iaddon Efcuyer fieur de la Garde-Barbe-San-
ge, dit qu'en reuenant de Paris en pofte auecque le Marquis de S. Maixant, il luy dit que la Dame de S. Geran
eftoit accouchée d'vn fils qui eftoit en fon pouuoir; & ad-
joufte, qu'ayant fceu de fa fœur qu'il en pourroit appren-
dre des nouuelles de la Beaulieu, il auoit veu ladite de
Beaulieu, & qu'elle luy auoit confeffé que l'Enfant qu'elle auoit rendu à fon beau-frere n'eftoit pas fon fils, mais
que c'eftoit celuy des Sieur & Dame de S. Geran, que fon
fils Henry eftoit mort, & qu'elle le prouueroit bien quand
il en feroit temps.

9. Ianvier
*1651.*Marguerite à la Mare Seruante du Concierge des pri-
fons de Chantelle , depofe que la Sage-Femme eftant au
defefpoir de ce qu'on luy auoit dit que le Marquis de S.
Maixant auoit chargé quelqu'vn en mourant , d'aduertir
Madame de S. Geran de ce qui s'eftoit paffé dans fes couches, luy declara qu'elle croyoit d'eftre penduë, que le
fieur de S. Maixant l'auroit affeurément perduë, qu'ayant
confeffé ce crime il l'auroit chargée, qu'il eftoit vray que
la Dame de Saint Geran auoit acouché d'vn Fils, mais
que Beaulieu Maiftre d'Hoftel l'auoit enlevé mal-gré
elle.

Louis Pailloux fieur de Moliniere, a depofé pardeuant
Monfieur du Tillet, que le fieur Curé de S. Seuerin qui
auoit affifté le fieur de S. Maixant à la mort, luy auoit dit
que ledit fieur de Saint Maixant auoit donné charge à
quelqu'vn de dire quelque chofe aux fieur & Dame de S.
Geran.

Recollemēt
Monfieur
du Tillet,
29. Mars
*1659.*Dame Geneuiéue des Hays vefue de Meffire Nicolas
le Bigot, Cheualier M. des Comptes a depofé que le
fieur Montagnar fon nepueu, proche parent du fieur de
S. Maixant, luy auoit dit qu'eftant allé voir ledit fieur

de S. Maixant la ſurueille de ſon deceds, il luy auoit dit
qu'il eſtoit au deſeſpoir de mourir auparauant que d'auoir
declaré vne affaire de conſequence qu'il auoit ſur la conſcience.

Prudent Bergere Eſcuyer ſieur de Vaux qui a eſté nourry Page du ſieur Marquis de Saint Maixant, a depoſé
qu'eſtant ſeul pour tenir compagnie & ſeruir ledit ſieur
de S. Maixant comme il eſtoit priſonnier dans la Conciergerie du Palais, d'où il auoit permiſſion de ſortir quel-
ques-fois, & qu'vn iour il le ſuiuit en chaiſe proche vne
Egliſe de Noſtre-Dame, dans vne petite ruë, où s'eſtant
arreſté à vne Porte Cochere, & fait retirer ſes porteurs,
il monta à vne troiſieſme chambre, d'où ſortant il fut
accompagné d'vn Enfant dé-ja à ſept ans, de poil blond,
ayant de gros yeux, & le viſage beau, ſuiuy d'vn Vallet,
que ledit ſieur de S. Maixant dit à cét Enfant, luy mon-
trant le depoſant qu'il le remarquaſt bien, afin que par
tout où il le rencontreroit il puſt demander de ſes nouuelles, ayant dit la meſme choſe au depoſant, & parlé
quelques mots au petit garçon & au Valet qui eſtoit auec
luy, ils s'en retournerent ; & comme il fut ſeul auec ledit
ſieur de S. Maixant il luy demanda s'il auoit bien remarqué cét Enfant, que c'eſtoit vn ſecret important, qu'il
luy vouloit confier, mais qu'il ſe donnaſt bien garde d'en
parler iamais à qui que ce fuſt ſans ſon ordre, & enſuit-
te luy declara fort nettement que ledit Enfant eſtoit Fils
du Sieur de S. Geran ſon couſin, qu'il l'auoit fait enleuer, & auoit donné deux mil liures pour cela, & le depoſant ayant pris la liberté de luy dire qu'il s'etonnoit
pourquoy il s'eſtoit attiré cette méchante affaire auec toutes celles qu'il auoit ; Il répondit que celle-là ne l'eſton-
noit pas, & que s'il n'eſtoit bien ſurpris de la mort il dé-
couuriroit bien-toſt cette verité, & donneroit de ſi bonnes marques qu'il n'en reſteroit aucun doute ; adjouſte le
depoſant, que le ſieur de S. Maixant mourut bien-toſt
apres, & qu'il pendant le temps qu'il ſejourna à Paris iuſques au deceds dudit ſieur de S. Maixant, il a veu pluſieurs fois ledit petit Enfant dans vne maiſon à la Vieille
ruë du Temple, où le ſieur Arnophiny tenoit vne Acade-

*Informatiõ
de M. du
Tillet, du
16. Iuillet
1657.*

*Nota que la
Beaulieu
dans ſon
Interroga-
toire recõ-
nut qu'elle
envoyoit
ſouuẽt que-
rir ſon en-
fãt qu'elle
auoit donné
à ſon beau-
frere &
qu'elle'e
gardoit
quelques-
fois cinq ou
ſix iours.*

mie, parce que ledit Enfant s'y venoit souuent promener auec le mesme Valet, & luy qui dépose y alloit presque tous les iours pour voir vne jument que ledit Sieur de Saint Maixant auoit en pension dans ladite Academie.

Françoise de la Fond, femme d'vn Mareschal, a dit que son Mary venant de Paris l'auoit asseurée que celle qu'on croyoit Mere du petit Henry, qui estoit nourry aupres des Sieur & Dame de S. Geran, auoit toutes les semaines vne pension de dix liures du sieur de S. Maixant, & que ledit Henry n'estoit pas son Fils.

Quant à la feuë Dame de Bouïllé, quelque dessein qu'on ait de ne pas insulter à sa memoire, il sera bien mal-aisé de cacher l'intelligence qu'elle a eu auec le sieur de S. Maixant sur le fait de cet enleuement, puis qu'il en a tant paru de sa part auec les accusez.

L'interrogatoire presté à la Cour par la Sage-Femme & la declaration faite depuis sa mort par Claude Guillemain son Fils, ne font que trop voir qu'elle a fait sa cause propre de leur deffence, & quoy que cette preuue soit fort considerable, la deposition du sieur de la Forestiere son Escuyer, celle de Lancelot Pacquereau son domestique, les confessions de ses Femmes de Chambre, & ce qui se verra par la suitte de ces preuues ne le sera pas moins.

Informatió d'Vsson, 8. Iuin 1654 Molle & Longpont, pardeuant Monsieur Menardeau.

François de la Barge Escuyer sieur de la Forestiere, depose qu'en l'année 1649. estant Escuyer de la Dame Marquise de Bouïllé, qui estoit lors à Salligny, il vint vn nommé Claude Guillemain, fils de Louyse Golliard Matrône, demeurant à Vichy, pour aduertir ladite Dame de Bouïllé, que sa Mere auoit esté arrestée, & conduitte à S. Geran prisonniere ; que ladite Dame luy demandant pour quelle raison, il respondit que c'estoit pour luy faire declarer qu'estoit deuenu l'Enfant dont ladite Dame de S. Geran estoit accouchée, qu'ils se retirerent à part ladite Dame & ledit Guillemain, parlerent durant vn quart d'heure, ne sçait ce qu'ils dirent ; mais estant separez le sieur deposant receut ordre de ladite Dame de Bouïllé d'aller à Moulins au conseil vers le Lieutenant General, auquel il porta vne Lettre cachetée, & eut charge de luy

demander de la part de ladite Dame , comme quoy elle
pourroit faire pour secourir ladite Matrone sans qu'il parût
qu'elle s'en meslast : Que ledit Sieur Lieutenant General
luy dit que pour la tirer des prisons de S. Geran il falloit
presenter Requeste à la Cour pour auoir des deffences; ce
qui fut executé à la diligence d'vn nommé Roy Procureur
en Parlement, sous le nom dudit Guillemain, en vertu
de sa procuration, que ladite Dame de Bouïllé retira pour
cét effet, laquelle fut passée à Crouan proche de Lauoine,
où la Dame de Bouïllé se retiroit lors, & commanda audit Guillemain d'y venir , & y est venu depuis plusieurs
fois: Que le deposant sollicita ledit Arrest par ordre de la
Dame de Bouïllé, & le fit solliciter par le sieur du Pré,
Gendarme de la Compagnie du Roy, lequel ayant fourny l'argent pour l'obtention dudit Arrest, il luy a esté rendu des deniers de ladite Dame, & par son commandement.
Se souuient aussi qu'elle fit payer les Archers qui le signi-
fierent. Dit en outre, qu'ayant eu ordre dans le mesme
temps d'aller visiter Madame la Duchesse de Ventadour
sur la mort de Monsieur son mary, ladite Dame de Bouillé luy commanda de passer à Rion où estoient lors des
filles qui l'auoient seruie , nommées Quinets, l'vne sur-
nommée Dada, & de leur donner de l'argent : Qu'alors
ladite Dada & sa sœur le supplierent de les faire ren-
trer promptement dans la maison de ladite de Bouïllé,
parce qu'elles estoient sollicitées de M. la Comtesse de S.
Geran de venir à son seruice, & leur offroit de grandes re-
compenses pour les y obliger, luy disant ladite Dada qu'elles estoient assurées que M. de Bouïllé ne les laisseroit pas
long-temps dans cette maison-là , & qu'elle ne pouuoit
se passer d'elles, pour des raisons qu'elle sçauoit bien elle-
mesme. Dirent de plus lesdites Quinets & Dada audit sieur
deposant, que ladite Dame de S. Geran leur auoit fait
dire par le Pere Gardien des Capucins, que si elles vouloient dire la verité de ce qu'elles sçauoient de l'enleuement de son Enfant, elle les recompenseroit de la façon
qu'elles voudroient : mais, luy dirent-elles, nous auons
trop d'obligation à Madame de Bouïllé, pour dire des choses qui la pourroient fascher; & le chargerent d'vn memoi-

re de vingt-cinq ou trente articles, fur lefquels elles auoient
efté interrogées du Pere Capucin touchant l'enleuement,
pour icceluy porter à ladite Dame de Bouïllé, afin d'ap-
prendre d'elle fes volontez, auparauant que de répondre
audit Capucin : lequel memoire ayant efté donné à ladite
Dame par ledit fieur depofant, ne fçait ce qu'elle leur
manda fur ce fujet : Mais fort peu aprés eftant à Montegu où demeuroit ladite Dame de Bouïllé, il y vit venir
par trois ou quatre fois vn Valet inconnu, qui donnoit des
pacquets defdites Dadas, & auoit ordre de ne pas dire
au depofant qu'il y venoit de leur part, & toft aprés la
Dame de Bouïllé les rappella auprés d'elle, & arriuerent
à Montegu enuiron la minuiét, & allerent à la chambre
de ladite Dame qui les receut bien, & mefme maria l'vne
d'icelles quelque temps aprés & luy donna plus de douze
mil liures par contraét de mariage ou par teftament. A dit
auffi ledit depofant, que dans la conference qu'il eut auecque lefdites Dadas à Rion, lors qu'elles luy donnerét ce memoire cy-deffus fpecifié, il reconnut bien qu'elles fçauoient
les particularitez de l'affaire concernant ledit enleuement,
où elles meflent Monfieur le Marquis de S. Maixant. Se
fouuient auffi ledit depofant, auoir oüy dire à plufieurs
perfonnes, parlant de cet enleuement, que lors que Madame de S. Geran accoucha, l'Enfant fut à l'inftant pris
par vn nommé Beaulieu, des mains de la Sage-Femme,
puis deliuré au Valet du fieur de S. Maixant qui le fortit du
Chafteau auec ledit Beaulieu.

Lancelot Pacquereau compagnon Confiturier depofe
qu'il a efté au feruice de la Dame de Bouïllé plufieurs années, qu'auprés de ladite Dame eftoient deux filles nommées Françoife & Michelle Quinets, ladite Michelle dite Dada ; fe fouuient que ladite Dame de Bouïllé ayant
donné le congé à ladite Dada, elle luy porta le poing fer-
mé iufques proche du vifage, & luy dit fort en colere,
que fi elle la chafloit de fa maifon qu'elle s'en repenti-
roit, qu'elle diroit tout, quand elle deuroit eftre penduë.

Le depofant defirant fe retirer quelque temps aprés pour
continuer fon meftier, la Dame de Bouïllé luy dit qu'il fe

donnast bien garde de parler iamais de ce qu'il auoit
oüy dire à la Dada ; que s'il en parloit elle luy feroit donner cent coups de poignard par son Maistre d'Hostel ,
nommé de l'Isle, qui estoit present ; sçait ledit deposant que
lesdites Quinets estant lors sorties mal du seruice de ladite
Dame , elle les reprit quelque temps aprés, & mariant la
Dada auec de l'Isle son Maistre d'Hostel , elle luy fit de
grands aduantages.

Plusieurs autres témoins deposent les mesmes choses que
ces deux derniers , lesquels ont esté aussi confrontez ausdits *19. Septem-bre 1654.*
Quinets & Dada.

Par l'interrogatoire de la Quinet , dite Dada , pardeuant Monsieur Menardeau , elle reconnoist auoir menacé
la Dame de Boüillé sa maistresse de dire tout, mais ne se
souuient pas si le nommé Anselme domestique estoit present, *fol.* 25.

Reconnoist *fol.* 37. & 38. qu'aprés l'entreueuë du Pere
Capucin de Rion, la Dame de Boüillé les reprit à son seruice, & qu'il y auoit lors quinze mois qu'elles estoient sorties : Reconnoist que ladite Dame l'a mariée à son Maistre
d'Hostel , & luy a donné douze mil liures par son contract
ou par Testament.

En la confrontation faite pardeuant Monsieur Ménar-
deau, des Sieurs de la Forestiere & Anselme, la Dada demeure d'accord que ledit sieur de la Forestiere luy a donné
cent liures pour les assister dans leur misere, depuis la recherche que fait la Dame de Saint Geran de son Enfant.
De l'Isle reconnoist que la Dame de Boüillé luy a donné
douze mil liures en le mariant auec Dada.

Simonne Basselet dit , que dans le temps de l'accouche- *Recol. Saint Pierre le Moutier, 28 Fev. 1659.*
ment de la Dame de Saint Geran , que Formier Laquais de
la Dame de Boüillé reuenant des champs, les deux Dada
allerent au deuant de luy, & s'informerent auec empresse-
ment comment se portoit l'Enfant, sans s'expliquer dauantage, à quoy Formier ne voulut répondre ; enfin estant pres-
sé, il leur dit que l'Enfant se portoit bien, & qu'il estoit beau
& blond ; qu'alors ces filles leuerent les yeux au Ciel.

Ieanne Prud'homme, dite la Normande, a deposé qu'elle *Informatiõ Moulins, 22 Octobre 1654.*
auoit oüy dire aux Femmes de chambre de la Dame de

Boüillé, qu'on auoit forty vn Enfant du Château de S. Geran, & que le difant aufli à Louyfe Goliard Sage-femme, elle luy répondit, Ces filles ont la langue bien longue, ie les feray bien taire fi elles fe meflent de parler de cela ; s'il eft forty vn Enfant du Chafteau, ce n'eft pas Madame qui l'a fait.

Ieanne Pennel eftant au Chafteau de Saint Geran, à la porte d'vne chambre dans laquelle eftoit Louyfe Goliard Sage-femme, auec le Pere Simon Martin Minime de Moulins, ouyt que ladite Goliard luy difoit, qu'il eftoit vray qu'on auoit forty vn Enfant du Chafteau de Saint Geran, dans le temps que l'on penfoit que Madame de S. Geran eftoit accouchée, mais que ce n'eftoit pas elle qui l'auoit fait ; & fur ce que ledit Religieux luy dit, qu'il reffembloit fort à Monfieur de Saint Geran, elle luy répondit, qu'il luy pouuoit bien reffembler, & qu'il eftoit fon proche parent ; comme le Minime fe fut retiré, la Sage-femme dit la mefme chofe à la depofante, & qu'elle voudroit bien voir ce petit garçon que l'on dit reffembler au Sieur & à la Dame de S. Geran.

Iean de Margalet Efcuyer fieur du Vomet, & Damoifelle Ieanne de Roufiere fa femme, ouys pardeuant le Iuge Royal d'Vffon, ont depofé auoir ouy dire au fieur Marquis de Saint Maixant, que l'Enfant des Sieur & Dame de Saint Geran auoit efté porté & nourry quelque temps proche de Lauoine ; que depuis la mort dudit fieur de Saint Maixant, Monfieur le Baron de Sallé interrogeant vn de fes domeftiques, n'auoit pû tirer autre chofe de luy, que cette mefme declaration.

Meffire Iacques Thimoleon de Beaufort Marquis de Canillat, ouy pardeuant le Iuge Royal de Cuffet, & confronté à la Dada, luy a fouftenu, que parlant de l'accouchement de la Dame de Saint Geran, & fe mocquant des publications des Monitoires, & des peines qu'elle fe donnoit, elle luy dit, qu'ils cherchoient bien loin ce qu'ils auoient proche d'eux.

TROISIESME

TROISIESME FAICT,

Qui prouue que la Pigoreau a receu l'Enfant de Beau-
lieu son beau-frere, qu'elle l'a fait baptiser à Sainct
Iean en Greue, nourrir à Torcy comme fils d'vn grand
Seigneur, & rendu audit Beaulieu sous le nom de
Henry son neueu.

MAure Marmion Fossoyeur de l'Eglise de Sainct Iean *Informatiõ* en greue, dit qu'au commencement de Ianuier 1642. *12. Ianuier* il fut apporté en ladite Eglise vn Enfant sur les Fons de *1654.* Baptesme par vne Damoiselle, laquelle il ne connoist point, qu'elle s'assit dans vn Confessionnal pendant que l'on bapti- soit ledit Enfant, lequel il nomma Bernard, auec vne pau- ure femme qui estoit Marraine, suiuant la priere que luy en fit ladite Damoiselle, qui luy donna dix sols quand le Baptesme fut fait. Declare qu'il ne se souuient pas du nom des pere & mere de l'Enfant; mais bien qu'il estoit forte- let, & que ce fut le sieur du Chesne Vicaire de ladite Egli- se qui le baptisa. Du 20. Registre baptistere de l'Eglise Parroissiale de S. Iean en greue à Paris, *fol. 69.*

Le septiesme iour de Mars 1642. a esté baptisé Bernard fils *Cét Extrait* *de & de* *est produit* *le Parrain Maure Marmion Gagne-denier & seruiteur de cette* *au procés* *Eglise; la Marraine Ieanne Cheualier veufue de feu Pierre Ti-* *criminel.* *bou. Lequel Extraict ie sous-signé Prestre Vicaire de ladite Egli-* *se, certifie estre veritable & conforme à l'Original. Fait ce 23.* *Auril 1653. Signé N. du Chesne.*

La seule Information de Torcy pourroit suffire pour la preuue entiere de ce faict; elle est composée de dix témoins sans reproche, qui ont esté recollez pardeuant Monsieur Granger Conseiller de la Cour, & qui ont esté confrontez à la Pigoreau. Iean Seguin, Antoine Nouuaut, Marie Chauslette, Gilles de la Tour & sa femme, Anne Lam- bert, Robert Paillard, Claude Loison femme du Procu-

H

reur du Roy de Torcy , qui font les Nourriſſes meſmes qui
ont allaité l'Enfant , leurs fils , freres , voiſins, voiſines,
l'hoſte où la Beaulieu logeoit lors qu'elle alloit audit Torcy:
Tous leſquels depoſent vnanimement que la Beaulieu , accompagnée d'vne femme qu'elle appelloit ſa tante , & d'v-
ne ſeruante , apporterent en l'année 1642. vn Enfant nommé Bernard , pour eſtre nourry au village de Torcy. Qu'elle
le mit d'abord chez la femme de Iean Paillard ſa commere,
qui le nourrit quelques mois ; qu'elle fut contrainte de le
retirer à cauſe que cette Nourriſſe deuint malade , & l'Enfant auſſi pour le mauuais laict qu'il auoit tetté. Que le re-
tirant elle luy dit,qu'elle eſtoit bien faſchée qu'elle ne l'euſt
pû acheuer de nourrir, qu'elle n'euſt où que faire de trauailler le reſte de ſes iours. Il fut porté dans le meſme village
chez la femme de Marc Seguin, qui le nourrit quatre ou
cinq mois. Que cet Enfant eſtoit entretenu noblement par
la Beaulieu , ayant toûjours de beau linge, vn bonnet de
ſatin & vn pannache blanc. Qu'elle en payoit les mois fort
ſoigneuſement , diſant à ceux qui en pouuoient auoir ſoin,
que c'eſtoit le fils d'vn grand Seigneur qui luy auoit eſté
confié, & qui feroit vn iour ſa fortune , & de ceux qui l'auroient ſeruy. Que cet Enfant eſtoit beau de viſage , ayant
les yeux bleus & les cheueux blonds : Qu'on luy remarquoit
vne petite enfonçeure à la teſte comme l'application d'vn
poulce en naiſſant. Que la Beaulieu le venoit ſouuent viſi-
ter auecque vn grand Gentilhomme blond,portant vn manteau d'écarlate,qui ne vouloit pas eſtre connu ; ladite Beaulieu ſuiuie de deux enfans , l'vn qu'elle nommoit Antoine,
qui eſtoit l'aiſné , & l'autre Henry , ou Hendridon , qu'ils
eſtoient tous deux bruns ; que ſur la fin elle n'y amena plus
que ledit Antoine , pleurant amerement la mort de ſon petit Henry , qu'elle diſoit eſtre mort.

Qu'elle retira cet Enfant ſans dire où elle le portoit, qui
pouuoit auoir enuiron dix-ſept ou dix-huit mois lors qu'elle le retira ; & changeant en meſme temps de logis, ceux
qui la voyoient quelquesfois dans la ruë Trouſſe-vache où
elle logeoit, n'en peurent plus auoir de nouuelles , non plus
que du Nourriſſon.

Thiony Meſſager Marchand Tapiſſier de la ville de Paris,

depose que le sieur Pigoreau pere de la Beaulieu, qui auoit espousé vn Maistre Tireur d'armes, frequentoit chez le nommé Raguenet aussi Maistre Espicier, duquel luy qui depose a espousé la fille, que peu de temps aprés la mort dudit Beaulieu fut deposé entre les mains de sa belle-mere vne somme de seize ou dix-sept cens liures, n'a memoire par qui le depost fut fait, mais que la promesse fut faite au nom de ladite Damoiselle de Beaulieu, laquelle enuoya querir de l'argent en plusieurs fois. *Informatiõ Monsieur Menardeau 13. Ianuier 1657.*

Denyse Pesesin, âgée de vingt-quatre ans, depose ne connoistre pas la Dame de Saint Geran, qu'elle a seruy la Damoiselle de Beaulieu l'espace de treize ou quatorze mois, qu'elle auoit lors deux Enfans auec elle, l'aisné nommé Antoine, de poil noir, l'autre nommé Hendridon, estoit beau & blond. qu'elle a oüy dire plusieurs fois à ladite Beaulieu qui estoit en necessité, qu'elle n'estoit en peine que de pouruoir ledit Antoine, parce qu'elle estoit asseurée qu'il falloit que la Dame Comtesse de Saint Geran prist ledit Henry, qui pouuoit auoir lors enuiron vingt mois; a memoire la deposante qu'elle a porté deux fois ledit Hendridon à l'Hostel de Saint Geran auec sa Maistresse, disant qu'il falloit bien, que le nommé Beaulieu Maistre-d'Hostel son beau-frere prist cét Enfant, & qu'il le donnast à la Dame de S. Geran, ce qui fut fait peu de temps aprés, & veit elle qui depose acheter toutes les hardes; que cét Enfant pouuoit auoir quand il fut rendu audit Beaulieu, enuiron deux ans & neuf mois; que ledit Beaulieu Maistre-d'Hostel venoit souuent chez sa belle-sœur, & parloient en secret; qu'elle deposante dit vn iour à sa Maistresse, que ce seroit dommage de donner ce bel & jeune Enfant à la Dame de Saint Geran, & qu'il vaudroit mieux luy donner le plus grand; elle luy répondoit toûjours, qu'il falloit que ce fust celuy-là; qu'elle a ouy diuerses fois, que dans l'entretien particulier que lesdits sieur & Damoiselle de Beaulieu auoient ensemble, ils y mesloient le sieur de Saint Maixant; qu'elle a esté plusieurs fois chez le nommé Raguenet Espicier querir de l'argent pour ladite Beaulieu, quand elle en desiroit, & qu'on luy donnoit ce qu'elle demandoit. *Informatiõ monsieur Menardeau 13. Ianuier 1657.*

H ij

Informatiõ Mr. Menardeau Recollemēt & Confr. Monſieur du Tillet.

PierreDesheux Marchand à Paris, dit que la Beaulieu a demeuré au logis du Chappeau-Rouge, ruë S. Martin, à la premiere chambre, à la montée où il demeuroit
auſſi, & y a touſiours demeuré depuis, ne la connoiſſant
pas il vouloit s'en informer, par ce qu'il y entroit ſouuent des
gens qui ne vouloient pas eſtre connus, que luy & ſa femme apprirent de ladite Beaulieu qu'elle eſtoit veſue depuis
peu, d'vn Maiſtre en fait d'Armes qui auoit eſté aſſaſſiné,
qu'elle eſtoit chargée de deux Enfans, que l'vn eſtoit à elle,
& l'autre le Fils d'vne grande Dame, qui luy auoit eſté donné en confiance par ſon Maiſtre d'Hoſtel, qu'elle le faiſoit
nourrir aux champs, & en auoit donné penſion, que c'eſtoit
ce qui la faiſoit ſubſiſter, qu'vn peu de temps apres elle fit
reuenir ce nourriçon des champs, & que le Maiſtre d'Hoſtel qui le luy auoit donné, ſe trouua dans la chambre de
ladite Beaulieu pour le voir, & le luy recommander de nouueau.

Interrog de la Beaulieu, 5. Ianuier 1657. pardeuãt Mr. Me-nardeau.

La Beaulieu eſt interrogée ſur tous les faits reſultans des
depoſitions des teſmoins cy-deſſus : Toutes ſes reſponces
ſont conſiderables, elle dénie auoir iamais eſté à Torcy
qu'en paſſant, & vne fois pour aller faire prendre l'air à ſa
tante la Sequeuille.

Elle dénie formellement auoir iamais fait porter, nourrir, ny retirer aucun Enfant du village de Torcy, & ne
ſçauoir aucune choſe de celuy que l'on pretend qui a eſté
nourry.

Et ſur la fin de ſon Interrogatoire ſe voyant preſſée des
particularitez de ſon intrigue, interrogée ſur ce qu'elle auoit
entretenu ce nourriſſon noblement, a fait eſperer qu'il ſeroit la fortune de ſes Nourrices.

Elle confeſſe que Guillemine de la Tour femme du nommé Paillard eſtoit ſa Commere, qu'il eſtoit venu auec la Damoiſelle de Sequeuille ſa tante vne Seruante nommée Ieanne Cheualier qui ſe diſoit Maraine de l'Enfant, qu'elle
auoit donné à nourrir à la femme d'vn nommé Seguin,
qu'il eſtoit noir de teint & de cheueux, & aſſez mal entretenu.

Iuſques-là elle auoit denié auoir iamais eſté à Torcy
qu'vne fois, & ſe voyant conuaincuë elle aduouë qu'eſtant

logée chez la veufue Loifon, ladite Seguin luy a fort fouuent apporté ledit Enfant voir. En fuitte eſtant interrogée ſi allant audit village de Torcy elle n'eſtoit pas accompagnée d'vn grand Gentil-homme blond veſtu de gris auec
vn manteau d'écarlatte.

Elle répond que n'ayant iamais eſté audit Torcy,
elle n'auoit garde d'y eſtre accompagnée d'aucun Gentil-
homme.

Plus bas interrogée, ſi faiſant nourrir ledit Enfant audit Village de Torcy elle n'y a pas mené ſes deux Enfans.

Dénie auoir fait nourrir aucun Enfant audit Torcy, mais
qu'elle y a mené pluſieurs fois les deux ſiens.

Interrogée ſur la groſſeſſe de la Dame de S. Geran &
enleuement de ſon Enfant. Reſpond que c'eſt vne viſion-
naire, qu'elle n'a iamais eſté groſſe, & qu'elle n'eſt point
accouchée, ce qui fait aſſez voir qu'elle eſtoit dé-ja engagée auecque les Dames appellantes pour ſouſtenir leur intereſt aux deſpens de ſa propre vie, car elle n'auoit iamais
veu la Dame de S. Geran lors de ſon accouchement, & en
eſtoit eſloignée de cent lieuës.

Elle dénie auſſi connoiſtre aucun Eſpicier, & en auoir receu aucun argent.

Enfin toutes les reſponces de cette femme ſe contredi- *Confr par-*
ſent ou ſont extrauagantes, & font iuger dés le commen- *deuant M.*
cement du procez qu'elle veut bien ſacrifier ſon honneur *du Tillet,*
& ſa vie, pour faire durer tant qu'elle pourra vne meſ-
chante cauſe, où elle s'eſt volontairement embaraſſée.

Les fuittes dont elle ſe feruit pour éuiter la confrontation ſont expliquées dans le fait : Mais la Dame de S.
Geran apres auoir ſurmonté toutes ces difficultez, la fit
confronter tant aux teſmoins nommez cy-deuant, qu'aux
autres dont il ſera parlé cy-apres, pardeuant Monſieur du
Tillet commis par la Cour.

Elle ne peut fournir aucuns reproches aux teſmoins,
ils luy ont ſouſtenu à la Confrontation, qu'ils l'auoient
veuë cent fois à Torcy, qu'ils la connoiſſent parfaitement,
& que leurs depoſitions eſtoient veritables, & y ont toûjours perſiſté.

H iij

Inform.
Monsieur
Menardeau
13. Ianvier
1657.

Dame Gilbert Damoncourt, femme de Messire Antoine Barillon Seigneur de Morangis, Conseiller du Roy en ses Conseils, & Directeur de ses Finances, a dit que ledit sieur son mary a nommé vn Enfant à la Beaulieu, qu'elle sçait de certitude que le mary de ladite Beaulieu fut tué, que depuis sa mort ladite Beaulieu l'est venuë visiter plusieurs fois, & que son mary & elle estoient fort incommodez dans leurs affaires : Ne sçait pas de quelle charité le sieur de Morangis son mary vsoit en leur endroit, parce qu'elle ne s'en informoit pas, mesme sçait fort bien que ladite Beaulieu accoucha d'vn Enfant masle posthume, que ladite Beaulieu la venant voir, la Dame deposante luy demandant des nouuelles de ses affaires, elle luy dit qu'il estoit mort, que depuis ce temps-là elle n'a pas veu ladite Beaulieu que durant les Guerres de Paris que le sieur de Morangis son mary luy amena le Fils qui restoit à ladite Beaulieu pour essayer de le mettre Page en quelque lieu, qu'vn iour demandant à la Dame de S. Geran si M. son mary en auoit besoin, qu'elle luy feroit plaisir de le prendre, que c'estoit vn pauure Gentil-homme, Fils d'vne nommée Beaulieu, qui en estoit chargée ; Que son second Fils estant mort elle n'auoit que celuy-là à placer : Que ladite Dame de S. Geran s'estant écriée sur la nouuelle de cette mort, pour des raisons qui luy estoient inconnuës, elle luy en demanda les particularitez qu'elle ne put luy dire, n'en sçachant autre chose, sinon que la Damoiselle de Beaulieu luy auoit dit que son second Fils estoit mort, alors se souuenant que la Damoiselle de Pontarmé estoit presente lors que la Beaulieu luy dit cela, elle fit appeller en presence de ladite Dame de S. Geran ladite Damoiselle, à laquelle demandant s'il y auoit long-temps qu'elle n'auoit veu la Beaulieu, elle luy dit qu'elle ne l'auoit pas veuë depuis qu'elle luy auoit dit en sa presence que son second Fils estoit mort.

Marie Mignot Sage-femme de la Ville de Paris, depose qu'elle connoist particulierement la Damoiselle de Beaulieu ; & sçait que la Mere d'elle deposante l'auoit accouchée apres la mort de son mary d'vn Enfant masle, lequel Enfant estoit mort, & qu'elle a oüy dire à sadite

merc, à present deffuncte, reuenant vn iour de chez la
Beaulieu, qu'elle estoit allée pour la visiter sur la mort
d'vn de ses Enfans, dont elle estoit fort affligée.

Iacqueline de la Iarie & Magdeleine Fepou, ont deposé pardeuant Monsieur Menardeau, qu'enuiron l'année
1643. elles ont oüy dire à ladite Beaulieu, de laquelle elles estoient proche, qu'vn Enfant qu'elles luy voyoient
nourrir qui estoit beau, blond, le visage plein, estoit
vn petit Bastard d'vn grand Seigneur qu'on luy auoit
confié.

Informatiö, Mr. Me-nardeau, 13. Ianuier 1657.

Elizabeth Suret a deposé que la Beaulieu auoit dit à
la femme d'vn nommé Corsart Huissier, pour s'excuser
de ce qu'on disoit qu'elle auoit fait baptiser & nourrir vn
Enfant qui n'estoit pas à elle, Que cela venoit de ce
qu'vn iour estant à la Messe à Saint Iean en Gréve, elle
auoit veu vne Reuendeuse de sa connoissance, qui en
guise de hardes tenoit vn Enfant tout rouge dans le deuant de sa juppe, & qu'elle eut la curiosité de le voir
baptiser, & qu'elle auoit des amis à S. Maixant qui luy
envoyoient de la serge de ce lieu-là quand elle en vouloit
pour vestir ses Enfans.

C'est dans le temps qu'elle acheva de nourrir à la place de son fils mort l'enfant qu'elle auoit retiré de Torcy. Mr. du Tillet 13. Ianvier, 1657.

Quant à la restitution que la Beaulieu a faite à son
Beau-frere de l'Enfant qu'il luy auoit donné, il seroit inutile de rapporter icy des témoignages particuliers, toutes les parties en conuiennent, & le Procez en est rem-
ply.

QVATRIE'ME FAICT.

*Pour monstrer que l'Enfant rendu par Beaulieu, est
le mesme qui a esté nourry à Torcy, & reconnu
pour le Fils des Sieur & Dame de Saint Geran.*

CE qui est déja prouué par les informations rapportées pour la preuue des Faits precedens pouuoit suffire, puis qu'il paroist que Beaulieu luy-mesme l'a decla-

ré, en consultant si sa conscience estoit à couuert : Que la Sage-femme qui en sçauoit la verité par les personnes interessées s'en est declarée, & que Claude Guillemin son fils, aprés sa mort l'a confirmé.

Que la Beaulieu a dit au sieur de la Garde Barbe Sange, que l'Enfant qu'elle auoit donné à son beau-frere estoit le fils du Sieur de S. Geran.

Que le sieur Marquis de Canillac a soustenu à Dada, dans la confrontation, qu'elle luy auoit dit que la Dame de S. Geran auoit son Enfant auprés d'elle, & qu'elle le cherchoit bien loin.

Procés verbal de la recõnoissance par les nourisses & témoins de Torcy, pardeuãt Mõsieur du Tillet, produit au procés.

Et que le Marquis de Saint Maixant, qui estoit le premier mobile de toute cette horrible machine, en auoit fait la confidence à Prudent Bergere son Gentilhomme : Mais il y a plus que cela ; car la Cour cherchant l'éclaircissement de cette affaire, ordonna que l'Enfant en question seroit representé aux Nourrisses & témoins qui l'auoient alaité & veu alaiter au village de Torcy, pardeuant Monsieur du Tillet, en la presence de la Pigoreau ; cet Arrest fut executé, la Pigoreau presente.

La nommée Philippes Durant, femme de Gilles de la Tour, belle-sœur de Guilmine de la Tour premiere Nourrisse, reconnut le sieur Bernard de la Guiche pour celuy qu'elle auoit veu nourrir à sadite belle-sœur, & qu'elle-mesme l'auoit allaité quelque temps, lors que ladite Guilmine tombant malade on luy osta ledit Enfant, pour le mettre chez la femme de Marc Seguin, & trouua encore à sa teste les apparences de cette marque qu'elle auoit veuë tant de fois à son Nourrisson en le coëffant ; elle reconnoist les gros yeux bleus & les cheueux blonds qu'elle luy auoit veus, & soustient que c'est le mesme.

Tous les autres témoins le reconnoissent aussi, & disent tous, que si le long-temps qu'il y a, peut auoir changé les traits de son visage, ils y voyoient toûjours le teint blanc, les yeux bleus & les cheueux blonds qu'ils y ont toûjours remarquez.

Le procés verbal est produit au procés sous

Prudent Bergere, auquel le sieur de Saint Maixant a monstré plusieurs fois l'Enfant des Sieur & Dame de Saint Geran, qu'il auoit fait enleuer, reconnoist à la representation

tion qui luy en est faite pardeuant Monsieur du Tillet, que *la cotte FF, de l'Inuentaire de la Dame intimée.*
c'est le mesme qu'il a veu; que ses yeux ne sont point changez, & qu'il estoit blond comme luy.

Messire Claude Mareschal Seigneur de Bonpré, & Dame *Recollement & confront. de Monsieur Ferrand, 27. Auril 1657.*
Susanne de Glené, témoins ouys par le Lieutenant Particulier de Moulins, recolez & confrontez à la Cour, deposent que la Beaulieu a dit en leur presence au sieur de Saint Geran, disnant en sa maison à Paris, que l'Enfant qu'elle auoit donné à Beaulieu son beau-frere, estoit le fils dudit Sieur de S. Geran, & de trop bonne maison pour porter les chausses de Page, adioustant que le sieur de Saint Geran répondant, qu'il l'auoit toûjours creu fils de ladite Beaulieu, & ne l'auoit iamais veu quand il vint au monde; elle répond croyant qu'il faisoit ce desaueu, à cause de la Dame sa femme qui estoit presente, qu'ils s'entendoient bien tous deux.

Maistre Claude Dancy Esleu à Moulins, vn iour felici- *Informat. Moulins 1649.*
tant Beaulieu Maistre d'Hostel, des témoignages d'amitié que son neveu receuoit des Sieur & Dame de Saint Geran; il luy répondit, qu'ils le pouuoient bien aymer, qu'il leur touchoit de plus prés qu'ils ne pensoient.

Dame Gabrielle de Sanzay Comtesse de Montafilan, a *Information de Monsieur du Tillet, 10. Septembre 1653.*
deposé, qu'en l'année 1652. estant logée dans la ruë de la Licorne, dans vne maison appartenante au sieur Pigoreau pere de la Beaulieu, parlant ensemble du procés que la Dame de Saint Geran faisoit pour le recouurement de l'Enfant qu'elle pretend qu'on luy a enleué, ledit Pigoreau fit l'histoire entiere de tout ce qui s'estoit passé dans cette affaire, & luy declara que la Beaulieu sa fille auoit vn beau frere Maistre d'Hostel chez les Sieur & Dame de S. Geran, lequel auoit contribué à l'enleuement d'vn Enfant dont ladite Dame estoit accouchée; qu'il l'auoit donné à sa belle-sœur, laquelle l'auoit fait nourrir quelque temps, & acheué de le nourrir chez elle; & aprés l'auoir rendu à l'âge de deux à trois ans sous le nom de Henry son second fils, quoy que ledit Henry fust mort, & luy redit plusieurs fois, qu'il n'y auoit point de doute que cet Enfant estoit celuy dont la Dame de S. Geran estoit accouchée, & que celuy de sa fille estoit mort.

Ce Codicille
est produit
sous la cotte
O O.

Il faut ioindre à toutes ces preuues, que le Sieur de Saint
Geran mourant, a reconnu par vn Codicille, que Messire
Bernard de la Guiche estoit son fils. Il en auoit donné assez
de preuues dans le cours du procés : Mais il voulut, trois
iours auant que de mourir, par vn Acte si fort luy laisser encore la preuue de sa filiation. Les Dames appellantes connoissant bien la force de ce témoignage, veulent luy donner
atteinte ; mais la Dame de Saint Geran espere que les Dames de Ventadour & du Lude auront la mesme confusion
dans le Parlement, en accusant cette signature de fausseté,
qu'elles en ont eu au Conseil, lors que disputant la Proui-
sion d'vne Charge qu'il donna le iour de sa mort, l'accusant
de fausseté, ou d'auoir esté signée sans connoissance ; Ayant
esté prouué, que iusques au dernier moment de sa vie, il a
eu l'esprit & le iugement sain & net. Elles furent condamnées aux dépens de leur contestation.

Apres toutes ces preuues, la Dame de Saint Geran pre-
tendant auoir parfaitement prouué les Faicts par elle auan-
cez, elle ne fera pas vne preuue particuliere, pour faire
voir que Henry second fils de la Beaulieu est mort, que
l'Enfant qu'elle a rendu n'est pas son fils, & ne peut estre
non plus le fils bastard de Bernard de Mantes ; le sens commun peut tirer ces veritez de ce qui resulte des preuues cy-
deuant rapportées.

L'aducu de la Beaulieu tant de fois confirmé en presence
de Madame de Morangis, du sieur de la Garde, de tous
ceux qui ont deposé dans l'Information de Torcy, la declaration de son pere, la sienne, celle de la Sage-femme ; & enfin tous les témoignages qui en sont au procés, font clairement voir que Henry de Beaulieu est mort.

S'il estoit necessaire de ioindre le raisonnement à tant de
preuues, il y a des impossibilitez inuincibles, qu'il puisse
estre fils de la Beaulieu : Car il est constant que ses deux enfans estoient bruns, qu'elle en a fait nourrir vn a Torcy,
qui estoit blond, & qui auoit les yeux bleus, qu'elle l'a retiré pour l'acheuer de nourrir chez elle : Plusieurs témoins qui ont deposé ont veu qu'elle le nourrissoit, Denyse Pelchin sa seruante la seruoit de ce temps-là ; on ne
luy a iamais veu que deux enfans, il luy en auroit fal-

lu trois, si Henry n'eust pas esté mort.

La mesme Denyse Peschin a bien remarqué, que la Beaulieu ne faisoit pas fonds d'aucun soin pour ce petit Enfant
blond, parce qu'il n'estoit pas à elle ; & l'on ne peut pas
soupçonner, par ce que la Beaulieu dit elle-mesme, qu'elle
creut auoir fait la fortune de son fils (s'il l'eust esté) en l'en-
uoyant chez sa belle-sœur aussi incommodée qu'elle, & qui
n'estoit desja que trop chargée de leur belle-mere commune, & de trois ou quatre enfans à elle.

De plus, cette mesme Denyse Peschin dit, qu'elle porta
cet Enfant à l'Hostel de Saint Geran lors qu'il fut baillé à
Beaulieu, il n'est pas croyable qu'à douze ans elle eust pû
se charger d'vn tel fardeau, ny qu'vn Enfant de quatre ans
& demy qu'il auroit deu auoir comme Henry de Beaulieu,
se fust laissé porter à vne fille de douze, depuis la ruë Trous-
se-vache iusques à l'Hostel de Saint Geran. Il est certain
qu'il n'auoit lors que deux ans & sept ou huit mois, & la
preuue s'en trouuera constante, qui est iustement l'âge du
fils dont la Dame de S. Geran est accouchée.

C'est vne chose ridicule de vouloir faire naistre le soupçon,
que l'Enfant nourry à Torcy soit le fils naturel de Bernard
de Mantes, & pretendre soustenir vne proposition si dénuée
de vray-semblance, il n'y a pas vne preuue dans tout le procés qui ne soit contraire, & rien ne s'y voit qui en puisse
donner le moindre scrupule. Le pretendu Bernard de Mantes est dépeint les cheueux noirs & le teint basanné, celuy-
cy est blond, il a les yeux bleus & le teint blanc.

Bernard de Mantes, à ce que disent les appellantes, a
esté alaité à la Croix-Faubain, sevré chez Magdelaine Tripiere, & esleué chez son pretendu pere, où il est encore,
& qui l'a eu dit-on de la Beaulieu. Si cela est, ce n'est donc
pas celuy qu'elle a fait baptiser ; car d'ordinaire les meres
n'assistent pas à cette ceremonie.

C'est donc de necessité le veritable Bernard de la Guiche que la Beaulieu a fait baptiser à Saint Iean en Greue,
sans nom de pere ny de mere, qu'elle a fait alaiter à Torcy,
qu'elle a sevré & acheué de nourrir chez elle iusques à
deux ans & demy, & qu'elle a enfin rendu aux Sieur & Dame de S. Geran, où il a toûjours esté depuis.

Voila les belles comparaifons qui font entre ces deux perfonnes, & qui forment la conteftation des Dames appellantes, lefquelles pretendent l'auoir bien eftablie par vne Enquefte d'examen à futur qu'elles ont produite, faite pardeuant vn Commiffaire du Chaftelet, qui n'eft pas dans la forme, & ne doit eftre de nulle confideration, ainfi qu'il en fera dit vn mot cy-aprés, & qu'il eft plus à plein porté dans les Contredits de la Dame de Sainct Geran.

Par cette Enquefte on a fait oüyr Magdeleine de la Tertre, cette Tripiere de laquelle il eft parlé, Michel Boucher Charon, Ieanne Leger, Nicole Redouté voifins dudit de Mantes, Sufanne Barbereau tante de la Beaulieu, François Maugin Maiftre en faict d'armes, Bernard de Mantes Maiftre à danfer, & Bernard fon pretendu fils naturel ; toute cette preuue ne va qu'à dire que Bernard de Mantes a eu vn baftard, qu'il l'a fait alaiter à la Croix-Faubain, fevré chez Magdeleine Tripiere, & depuis nourry chez luy, où il eft à prefent : Comme la chofe eft de nulle confequence à la Dame de Saint Geran, elle ne veut pas la contefter ; & quand de Mantes parleroit plus precifément qu'il n'a ozé faire, s'il eft vray qu'il ait efté fi bien auecque la Beaulieu, que les Dames appellantes le font entendre, cela luy feroit pardonnable, fi par ce moyen il pouuoit rendre quelque faueur à vne perfonne qu'il a aymée. Toute la difficulté refte donc, de ce qu'ils s'appellent tous deux Bernard ; mais en verité cela eft groffier, & les moins éclairez, aprés ce qui a efté dit, ne fçauroient en eftre éblouïs, s'ils veulent entrer en ce raifonnement, qu'il n'y a nulle apparence, fi Bernard de Mantes a eu ce baftard, qu'il ait voulu s'en cacher au Baptefme, faifant laiffer fon nom en blanc, & celuy de la mere, pour aller aprés fi fouuent le vifiter à Torcy auec la Beaulieu, où il pouuoit eftre connu par ceux qui l'ont veu tant de fois, & mefme qui ont beu & mangé auecque celuy qui a paru à Torcy prendre quelque intereft à ce Nourriffon, & s'il auoit efté en eftat de faire cette depenfe, pourquoy le negliger fi toft ? Car par les propres efcritures des Dames appellantes il paroift qu'il a efté miferablement efleué ; & qu'auffitost qu'il a peu trouuer qui luy voudroit donner du pain, on l'a mis Laquais. Pourra-ton croire que ce fut sur cet Enfant que la Beaulieu fondoit de si belles esperances pour elle & pour sa commere Paillard si elle auoit peu l'acheuer de nourrir?

Mais tout ce discours est inutile, les Nourrices & les Tesmoins de Torcy ont decidé la question, ayant reconnu l'Enfant qui a esté nourry chez eux en la personne de Messire Bernard de la Guiche, ne restant plus de nuages à éclaircir, il doit demeurer pour constant qu'il est fils des Sieur & Dame de S. Geran.

Apres tant de preuues, pourroit-on raisonnablement douter que la Dame de S. Geran n'eust esté grosse, qu'elle ne soit accouchée, que l'Enfant dont est question ne soit son fils; que le Marquis de S. Maixant & la Dame de Bouïllé ne l'ayent voulu supprimer; que la Sage-femme ne l'ait mis entre le mains de Beaulieu, que Beaulieu ne l'ait enleué, que sa belle-sœur ne l'ait fait nourrir, & qu'elle ne l'ait rendu aux Sieur & Dame de S. Geran comme leur fils.

Mais pourroit-on mesme douter que le Ciel n'eust donné vne protection toute particuliere à ces veritez?

——————Lux altißima fati
Occultum nihil esse sinit latebrasque per omnes   Claud.
Intrat, & obtrusos axplorat fama recessus.

Qui est-ce qui peut encore entendre, sans fremir d'horreur, que les Dames de Ventadour & du Lude ayent osé aduoüer en Iustice que le sieur Comte de S. Geran leur frere ait preuariqué à l'honneur de sa Famille & à son propre Sang, par la reconnoissance qu'il a faite dans son Testament, que l'Enfant estoit son Fils ? Croiroit-on, malgré toutes ces lumieres qui éclattent aujourd'huy, que le dernier souffle de l'esprit de la Guiche sur la terre eust esté vne imposture, que le dernier de ces Heros eust voulu clorre tant de vies glorieuses par vne supposition si lâche ? N'est-ce pas le plus sanglant de tous les outrages qu'elles font à leur Race, d'estimer son nom capable d'vne si honteuse & si estrange supposition ? Mais au mesme temps qu'elles font cette injure à leur propre Sang, ne peut-on pas dire qu'elles ne pardonnent pas mesme à la reputation de leur jugement : car peuuent-elles esperer qu'estant comme on les void agitées d'vn transport de haine & d'auarice, elles seront plus croyables dans leur interest, que le Sieur de S. Gerant parlant dans son Testament, qui est le dernier acte de sa vie, & sans autre interest que celuy de son salut ? Y a-til apparence que toutes les personnes qui voudront penetrer dans cette affaire ne la commencent point par cette reflexion serieuse ; Que les Sieur & Dame de S. Geran estant en liberté de satisfaire à leur amour pour cét Enfant, en luy donnant tout leur bien, à la charge de porter leur nom & leurs Armes, ils eussent eû la fureur de preferer à ce moyen honneste & legitime la voye du crime & de la supofition ? En verité, ce ne seroit pas seulement offencer l'ordre & la dignité du Mariage, d'approuuer que l'on disputast à vn Pere & à vne Mere vn Enfant qu'ils reconnoissent : mais ce seroit ouurir à l'auarice des collateraux le sein de toutes les familles, & leur permettre contre les regles de la Politique, aussi bien que contre les maximes de la Religion, de sonder le secret & l'abysme de la naissance des hommes, que Dieu s'est reserué à luy seul, comme impenetrable à leur curiosité ; Car, enfin, que peut-on conceuoir de plus cruel & de plus inhumain que l'entreprise des Dames appellantes ? Les auares foüillent les entrailles de la terre pour en tirer l'Or & les mines ; Elles arrachent des entrailles & du sein d'vne sœur ce Fils vnique, qui est son tresor pour s'enrichir de sa dépoüille ; Vne miserable Sage-femme rauit à cette mere affligée son Enfant quand elle le met au monde, & elles le luy veulent aujourd'huy rauir en Iustice l'ors qu'elle le presente deuant ses Iuges : La nature a exposé sa vie dans les douleurs de l'enfantement, & leur auarice expose son honneur dans les douleurs de cette reconnoissance ; En vn mot, cét attentat qu'elles commettent contre leur propre Famille est si prodigieux dans toutes ses sirconstances, qu'il est sans bornes & sans mesures, sans pu-

deur, & contre tous les principes du Christianisme, & de
la veritable deuotion, aussi bien que de la Iurisprudence.
En effet, s'il est vray que dans la recherche de la filiation
& de l'estat des personnes au deffaut de preuues certaines,
les Iuges se doiuent laisser conduire aux simples conjectures, parce qu'il n'y a nulle science ny connoissance de
physique de la conception des hommes : *In indiuiduis qua-
lis est filius & actio suppositionis nulla est scientia ; sed mera conie-
ctura.*

Comment est-il possible que les Dames appellantes se
puissent encore flatter contre des demonstrations & des
preuues si inuincibles de l'enleuement?

La cause de filiation, suiuant le Conseil 93. d'Alexandre,
se peut prouuer par de seuls indices, & l'on se sert de tous
les aduantages que les Loix ont données à la liberté contre
la seruitude, puis qu'en l'vn & l'autre cas il s'agit de l'estat &
de la condition.

La voix publique & la commune renommée peuuent
aussi seruir de preuue, *præter fidem instrumentornm & asseue-
rationem parentum, tria recensentur, tractatus, testes & fama, &
credunt deficientibus probationibus certioribus filiationem omnem tam
probari quàm præsumi, si is de cuius statu agitur pro filio parenti-
bus habitus sit, & tractatus, si testes & vnici idem deponant, si
fama popularis idem asseueret. Couarr. de matr. part. 11. cap. 8. §.
30. de filiationis probatione,* Egidius Bassius en son Traitté *de
Partu supposito,* vse à peu pres des mesmes termes : Et quoy
que la ressemblance ne soit pas tousiours vn moyen necessaire, & concluant à cause des exemples contraires & des
inconueniens qui en sont arriuez ; comme de Semiramis,
qui pour ressembler à Ninus son fils, déguisant son sexe
vsurpa l'Empire des Assyriens : neantmoins en faueur de
la filiation, ce moyen peut estre admis, & vne Mere pour
soûtenir l'estat de son Fils, a esté receuë à dire,

> ————*Hos vultus meus*
> *Habebat Hector, talis incessu fuit, habituque talis.*

Enfin le texte de la Loy *Lucius. ff. de condit. & demonstr.* &
la Loy *vn. Cod. quo. Bo.* decide que la question de l'estat

& de la filiation, ne se peut prouuer & iuger que par des argumens.Ciuils & des raisons Morales, qui consistent dans les conjectures tirées de la naissance, de la condition, des mœurs & de la reputation des personnes : Ce que *Benedi-Ctus cap. Raynutius in verbis quæ filium ex eo suscipiens num. 10. 11. 12. 13. 14. & 15. part. 3. & Couar. ad cap. 8. §. 33. de testa.* traittent à plein fonds, & monstrent que toutes ces coniectures doiuent seruir de Loix & de regle au iuge-ment de ces sortes de questions ; adioustent neantmoins, que si le Pere, ou la Mere, ont nommé l'Enfant leur Fils, dans quelque acte important, c'est vne presomption *iuris & de iure*, pour la certitude de son Estat, & qui les doit re-leuer de toute autre preuue, à quoy se conforme l'aduis de M. Antoine Mornac sur la Loy 6. *ff. de his qui sunt sui vel alie-ni iuris*, où il rapporte plusieurs authoritez sur le mesme faict.

Si doncques la question de la filiation est tellement fa-uorable, que les Loix reçoiuent au deffaut de preuue cer-taine de simples conjectures en sa faueur, & que souuent vne seule Missiue soit capable de faire pleine foy, comme il est escrit en la Loy *Imperatores. ff. de probat.* Il faut aduoüer que la persecution est horrible, lors que les appellantes re-sistent à ce torrent de verité, qui paroist & qui renuer-se toutes leurs impostures, par l'enchaisnement & la liaison de tant de preuues & de presomptions sans res-ponces.

Quand le Roy Sage eut par inspiration reconnu la ve-ritable d'auec la fausse Mere, la Question fut aussi tost ter-minée pour toute la Famille ; Il n'est point fait mention que les parens de la Mere legitime ayent contesté ce Iu-gement, quoy qu'il ne soit fondé que sur vn simple defaut de tendresse, en la personne de la Mere supposée, qui n'est toutefois que trop ordinaire à de veritables & naturel-les Meres.

Quand l'Empereur Claudius eut forcé vne Mere de re-connoistre vn Enfant qu'elle desauoüoit, en luy ordonnant de l'épouser puis qu'il n'estoit pas son Fils : L'histoire ne dit point que les Parens de cette Femme se soient opposez à cette reconnoissance ; ny que dans la suitte ils y ayent con-testé

testé les droits de l'Enfant, encore que cette reconnoissan-ce ne fust pas libre, & qu'elle y eust esté induite par la crainte d'vn mariage qu'elle ne voulut pas faire.

Mais aujourd'huy que la Beaulieu, par sa fuite, donne vne certitude toute entiere de la maternité, Que la Sage-Femme par son Interrogatoire l'a reconnu mesme : Que le deffunt Sieur de S. Geran l'a declaré en Iustice, & dans son Testament : Neantmoins on void vne Sœur & vne Niepce qui ne se peuuent rendre ; & qui donnent vn si cruel démen-ty à toute la Nature, & à la vertu de leur Frere & de leur Sœur.

Iphigenie n'en desira pas tant à beaucoup prés dans Euri-pide pour reconnoistre son Frere Oreste : car cette gene-reuse Sœur luy demandant des signes de sa filiation, il ne luy eut pas si tost rafraichy la memoire de certaines Tapisseries qu'il luy auoit veu trauailler dans sa jeunesse, & raconté l'Hi-stoire de la Lance, auec laquelle Pelops leur ayeul auoit acquis sa premiere fortune, que la Nature acheuant le reste des preuues, elle l'embrassa comme son cher & vnique Frere.

Electra dans Sophocle se contente encore de moins, pour la reconnoissance des siens en les aduoüant, aux enseignes de quelque petit lange de l'enfance qui auoit esté reserué dans vne boëte.

Les Sabines par vne seule parole desarmerent leurs Pe-res dans la fureur du combat, & leur firent embrasser pour Enfans ceux qu'ils venoient combattre comme Ennemis, tant la verité est puissante dans la bouche d'vne Mere qui re-connoist les siens.

Sua credite Matri
Viscera.

Qui ne sçait la generation, estant l'œuure le plus or-dinaire dans la Nature, il est par consequent le plus diffi-cile à contrefaire par la supposition ; car plus la regle est droite, plus les lignes obliques paroissent tortuës ; Plus vn miroüer est clair, & mieux se voyent les taches & les defauts du visage ; Comment la Dame de Saint Ge-

K

ran auroit-elle pû tromper fon mary par vne fauſſe groſſeſſe , pendant neuf mois entiers ; Comment auroit-elle peu
faſciner les yeux de toute la famille pendant ce terme fatal
de la Nature ?

Vne groſſeſſe artificielle de neuf mois , vn accouchement ſimulé , vn Baptefme imaginaire, la ſubornation d'vne
Sage-femme , la corruption des domeſtiques , le larcin de
l'Enfant que l'on veut ſuppoſer , ſont toutes choſes ſi horri-
bles à projecter , ſi difficiles à preparer , ſi dangereuſes à conduire , & ſi funeſtes à executer, qu'on ne doit iamais les croire que ſur des preuues inuincibles, ny les ſoupçonner que
contre des femmes perduës, qui ont renoncé à leur honneur
& à leur ſalut.

Les Saintes Lettres comparent d'ordinaire les entrepri-
ſes des méchans aux œuures de la generation , Pſal. 7. *verſ.*
15. *Ecce impius parturit iniuſtitiam , concepit dolorem & peperit ini-*
quitatem , &c. 9. verſ. 4. loquuntur vanitates , conceperunt dolo-
rem , pepererunt iniquitatem : La raiſon en eſt éuidente ; car
comme l'enfantement des femmes eſt la plus douloureuſe
action, ainſi il n'y a rien qui afflige tant l'eſprit & la conſcience, que le deſſein malheureux & impie de contrefaire l'œuure de la Nature par vne fauſſe generation.

Il y a grande difference dans la generation des animaux
les plus imparfaits , comme les oiſeaux & les poiſſons, qui
engendrent par le moyen d'vn tiers , à ſçauoir des œufs, &
ſe ſeparent de la ſubſtance maternelle, comme le grain de
l'eſpic ; mais les plus parfaits tels que les hommes, & les
animaux à quatre pieds s'engendrent immediatement par
ſoy ou dans ſoy-meſme : car tandis que l'embrion eſt dans
le ventre, il fait vne partie reelle du corps, & par cette
meſme raiſon la ſuppoſition eſt aiſée entre les oiſeaux &
les poiſſons , mais tres-difficile , & preſque impoſſible dans
l'eſpece des hommes , parce que les parties du corps humain ne s'oſtent & ne ſe remettent pas à la volonté. C'eſt
pourquoy dans cette rencontre toutes les raiſons naturelles
& moralles , celles de Iuſtice & de faueur ſe trouuent ral-
liées pour l'innocence & la legitimité , contre l'Impoſture la plus atroce & la plus dénaturée qui ait iamais
eſté.

Ces maximes & ces veritez demeurant ainsi establies, la Dame de Saint Geran estime auoir mis l'estat de son Enfant en seureté ; mais elle ne croit pas auoir entierement satisfait à son deuoir, si par des raisons souueraines & infaillibles, elle ne monstroit qu'elles sont non receuables en leur action ; & c'est ce qu'elle s'est reseruée de faire en cét endroit, quoy que peut-estre selon les regles, elle deust commencer par la fin de non receuoir ; mais comme elle a plustost pensé à defendre son innocence qu'à accuser & repousser l'iniure de ses ennemis, elle a crû qu'il estoit plus honneste d'establir sa preuue, afin que l'on n'estimast pas, que dans vne cause toute de nature, elle voulust fonder sa maternité sur des moyens & des raisonnemens de droict.

Le fondement de la fin de non receuoir est, qu'au temps que la question de l'estat a commencé, le Pere & la Mere de l'Enfant estoient viuans, qu'ils l'ont soustenuë en Iugement durant plusieurs années, & ont fait donner plus de vingt Arrests pour l'instruction de leur cause, tant contre les Dames appellantes que contre la Beaulieu, qui disputoit la maternité.

Or quand il s'agit de la filiation, ceux que l'on pretend estre Pere & Mere, ne sont pas seulement témoins irreprochables, mais aussi Iuges souuerains & necessaires, s'ils prononcent en faueur de celuy qui se dit estre leur Enfant ; au lieu que si leur Iugement luy est contraire, il en peut appeller, par la mesme raison qu'on peut se seruir de la prescription de vingt & trente ans, pour le recouurement de la liberté ; mais non pas pour la prescrire, & la changer en seruitude.

La raison est, que la filiation legitime a son fondement sur la conionction de deux personnes vnies par le mariage, lesquelles estans obligées de conseruer ce que la nature & la loy leur ont mis en garde, c'est à eux de declarer la filiation, lors qu'elle est veritable, parce qu'il est impossible d'en trouuer de meilleurs témoins, & que le sang ne peut mentir, chacun estant presumé auoir parfaite connoissance en son ouurage ; tellement que cette reconnoissance faite de Iugement par les Sieur & Dame de Saint Geran de leur viuant, ferme necessairement la bouche à tous leurs parens

puis qu'au temps que la question en a esté formée ils
estoient seuls & legitimes contradicteurs, suiuant le §. *pre-*
ximus. inftit. de leg. ag. tut. & la loy, *ſi plures. ff. de accuſ. &*
inſcript. aux termes de laquelle, en ſemblable cas, les plus
proches & les plus intereſſez ſont ſeuls parties legitimes :
Et par la loy, *ſepè penult. verſic. ſcientibus,* celuy-là eſt legitime contradicteur, *quem primum actio vel defenſio competit.*
deſorte que la difficulté eſtant terminée par luy, ou auec
luy, on ne la peut faire reuiure auec aucun autre, parce que
in iudiciis contrahitur, l. 3. §. idem ſcribit. ff. de pecul. ce qui
eſt infaillible & ſans exception dans les queſtions d'Eſtat,
la qualité de la perſonne eſtant indiuiſible, *cap. olim, extr.*
de cler. coniug. l. vltima. Cod. de ſent. paſſis, & reſtit. & l. de
atate. ff. de min. d'où il reſulte par vne conſequence neceſſaire, que les Dames appellantes ſont auiourd'huy abſolument non receuables dans ce faict de pretenduë ſuppoſition. Car lors qu'il s'agit d'eſtablir vn droict, les perſonnes qui n'ont qu'vn intereſt ſubordiné, ne doiuent pas eſtre
conſiderées : Par exemple, vn Confiſquataire dans le procés de celuy aux biens duquel il pretend, mais ſeulement
celles qui ont intereſt preſent, & principal, ainſi qu'il eſt
decidé, *l. 1. ff. de auth. tut. l. qui vitio. ff. de his quib. vt in-*
dignis. & l ex contractu. ff. de re iud.

Et en effet, à conſiderer ces maximes dans la ſimplicité
du ſens commun, & de la raiſon naturelle, eſt-il rien qui
ſoit plus dans les vœux de l'humanité, que le ſuffrage commun des peres & des meres en faueur de leurs enfans ? & ſe
peut-on imaginer aucune choſe où leur iugement puiſſe
eſtre plus ſouuerain ? La Nature qui a donné l'inſtinct aux
brutes pour le diſcernement & la reconnoiſſance de leurs
petits, a donné la raiſon aux hommes pour les inſtruire de
cette verité principale : Et pourroit-on dire que cet effet
de la raiſon fuſt moins conſiderable dans le iugement des
parens, que celuy de l'inſtinct dans le diſcernement des animaux ? Les peres & les meres voyent & connoiſſent leurs
enfans par d'autres yeux que les communs & ordinaires, la
nature, qui ne ſçauroit faillir, leur ſert de flambeau & de
guide par des traits qui ſont imperceptibles aux ſens de tous
les autres.

Longius assueto lumina nostra vident.

Il n'y a rien de plus veritable, ny de plus sensible, quoy que les causes nous en soient infiniment cachées, que la sympathie des corps & des esprits, qui fait que les vns suiuent necessairement les autres, compatissent à leur ioye & à leur tristesse, & les lient bien souuent d'vn nœud perpetuel & indissoluble ; c'est le principe de cette belle harmonie, qui se rencontre dans le corps politique aussi bien que dans le physique ; & ce sont les effets de cette semence diuine que le Ciel a pour cela répandu dans nos cœurs dés l'instant de nostre naissance : Saint Chrysostome, pour cette raison, l'appelloit vne tyrannie de la nature, parce que nulle force humaine n'est capable d'y resister, & qu'elle nous porte necessairement au sentiment & à la connoissance de la personne ou de la chose à laquelle nous deuons estre attachez, par vn instinct & auec vn empire absolu sur nos sens, auquel nulle raison humaine n'est capable d'apporter empeschement. Le texte sacré, tousiours admirable dans ses expressions, dit, qu'aux approches d'vne mere & d'vn fils, il s'exhale vn certain parfum, qui fait qu'ils se connoissent l'vn l'autre sans se voir, *quasi odor agri pleni cui benedixit Dominus*, tant il est vray que par vne secrette transpiration, plus merueilleuse que tous les Talismans de l'antiquité, la nature fait souuent ses découuertes, c'est ce qui fait dire au Poëte Lucrece, ce grand Genie de la Physique :

Corporibus cæcis igitur natura gerit res.

Et à Euripide, que la mere reconnoissoit son fils à l'haleine, & qu'il ne luy falloit point d'autres preuues.

Mais sur tout, la reconnoissance que les Sieur & Dame de Saint Geran ont fait en Iustice de leur Fils, est d'vn poids infiny, pour le iugement de son estat ; car ces sortes de declarations faites en presence des Iuges & dans les Tribunaux publics, ont tousiours esté receuës comme des preuue inuincibles de la legitimité des Enfans.

La Loy premiere, §. *Iulianus*, *ff. de agnos. lib.* est formel

le pour la confirmation de cette verité, puiſque dans ſon
eſpece le Iuriſconſulte ayant propoſé l'hypotheſe d'vne
femme de mauuaiſe vie, dont neantmoins le mary auoit reconnu en Iugement que l'enfant né pendant le mariage
eſtoit de ſes œuures : Il reſout, qu'encore que cet enfant no-
toirement ſoit conceu d'vne autre habitude, toutefois la
declaration du mary, faite en Iuſtice, tient lieu d'vn fort
preiugé pour la legitimité, *ſi quis agnoſcere filium diceret,*
ſuum hæredem haberet, quamuis ex alio conceptus ſit, quandocum-
que enim cæpit cauſa agi, grande præiudicium affert pro filio con-
feſſio patris.

Monſieur Cujas, ſur le Titre 16. du 7. Liure du Code,
de lib. ca. obſerue, qu'il faut faire grande difference ſi le
Pere a nommé l'Enfant ſon Fils en Iugement, ou bien s'il
l'a ſeulement traitté de ce nom en particulier, ou par quelque miſſiue ; parce qu'au premier cas cette declaration eſt
efficace pour les Enfans, au lieu que dans l'autre elle eſt
beaucoup moins conſiderable : *Nuncupatio filÿ apud acta & in*
figura iudicÿ agit, ſecus ſimplex nominatio aut ſubſcriptio.

Il en eſt de meſme dans les Queſtions de liberté, ſi le
Maiſtre a qualifié en Iuſtice ſon Eſclaue du titre de Fils,
il l'affranchit par cette ſeule parole : *Si inter acta ſeruum ſuum*
filium nominauerit, hæc nominatio in iudicio facta ciuem Roma-
num facit, quæ olim faciebat tantum Latinum. Cujas *Tit. 6. lib.*
7. Cod. de lib. tol. Tant il eſt vray, que la declaration des
Peres & des Meres en faueur de leurs Enfans, eſt puiſſan-
te pour leur eſtat, lors qu'elle s'eſt faite en Iuſtice. Et en la
Loy 3. §. *illud. ff. de ag. & al. lib. quid ergo eſt in Petitione*
hæreditatis quam filius intendit, quæritur vtrum ex eo natus ſit,
cuius hæreditatem petit, an non : adeo hoc verum eſt, vt Iulianus
ſcribat lib. 19. ſi viuo Patre redditum ſit præiudicium, & antequam
ſententia feratur, Pater deceſſerit, tranſeundum ad Carbon. edict.
Ce qui eſt infiniment à conſiderer, puiſque dans l'eſpece
de cette Loy il n'eſt pas meſme parlé d'aucune reconnoiſſance poſitiue, que le Pere ait fait de ſon viuant, mais ſim-
plement de quelque leger preiugé qu'il en ait eu la penſée,
ou par ſon ſilence, ou par ſes diſcours.

D'ailleurs, les Dames appellantes ſeroient encore non
receuables à propoſer ce pretendu faict de ſuppoſition

d'Enfant, à cause de la qualité d'heritieres qu'elles vsurpent, & en laquelle elles agissent : car la regle generale est, que l'heritier ne peut contester la volonté du deffunt, & s'il le fait il se rend indigne de la succession ; *l. cum tabulis, ff. & l. si testamentum. ff. de his quib. vt indignis.* sinon lors que le deffunt a diposé, *lege contrahere prohibente*, comme contre la Loy *hac edictali. Cod. de sec. nupt.* contre la Loy premiere, *Cod. de bo. mat.* ou en disposant des quatre quints des propres contre la disposition de la Coustume, parce que, *nemo potest facere, quin leges in suo testamento locum habeant ;* mais la connoissance d'vn Enfant estant vne debte de nature plus fauorable mesme que l'education & la legitime ; Le Pere qui l'a fait, a acquité sa debte, & l'Enfant estant vne partie de luy-mesme, celuy qui se pretend heritier, ne peut disputer la naissance de l'Enfant sans troubler les cendres du Pere, & diffamer sa memoire, puis qu'il n'y a point de crime plus abominable, ny d'impieté plus odieuse, que d'imposer aux morts & aux viuans tout ensemble, en supposant vn Estranger pour heritier naturel & legitime dans la Famille dont il n'est-pas.

Voicy peut-estre le premier exemple, qu'vn Pere & vne Mere ayant reconnu de leur viuant vn Enfant, des Collateraux ayent osé proposer apres la mort de l'vn ou de l'autre, que cette reconnoissance ne fust pas veritable : Les Liures & les Registres de la Cour sont remplis d'Arrests, qui ont condamné la temerité de ces Parens dénaturez, lesquels ont voulu attaquer l'estat d'vn Enfant né pendant le Mariage, quoy que non reconnu, & qui les ont declarez non receuables en ses actions temeraires.

L'vn des plus recents Arrests qui soit interuenu en cette matiere, est celuy du 18. Iuin 1658. en l'Audiance, dont l'espece est assez particuliere & souuerainement decisiue en l'affaire qui se presente, pour establir la fin de non receuoir.

Gabriel Girard & Damoiselle Ieanne Beguier sa femme, furent accusez par Marie Beguier leur sœur, de se supposer vn Enfant ; Marie du Bois mere de Ieanne Beguier interuint auecque Marie Beguier son autre fille, pour soustenir cette accusation, les premiers Iuges rendirent leur Sentence, qui permettoit d'en informer, & publier monitoire. Girard & sa femme en interjetterent appel, & soustinrent que par la seule consequence de l'action dans le public, qui alloit à troubler la paix & l'honneur des Mariages, il la falloit rejeter. Monsieur l'Aduocat General Talon, qui portoit la parole, conclut que cette action n'estoit point du tout receuable: Et la Cour nonobstant l'interuention de la mere, le iugea ainsi, & sans auoir égard à l'interuention de l'ayeulle, declara Marie Beguier non receuable en l'accusation par elle intentée contre Girard & sa femme, & la condamna aux dommages & interests.

Apres cet Arrest, la Cour iugera de quelle licence les appellantes ont pû intenter leur action contre la reconnoissance d'vn Pere & d'vne Mere faite en Iugement & confirmée par le Mary mourant dans son Testament, l'ors qu'il ne respire plus que la Iustice & la verité ; constamment cét excez & ce transport d'auarice ne peut estre consideré que comme vn prodige dans l'ordre de la Nature & de la Morale, & il n'y a point d'Enfant legitime qui ne doiue trembler sous l'exemple d'vne entreprise si extraordinaire : Car enfin, s'il est aujourd'huy licite à des Collateraux de disputer l'estat d'vn Enfant, que son Pere & sa Mere ont reconnu en Iugement, & par leur Testament, qui est celuy dont l'estat ne pourra estre querellé ? combien y a-til d'Enfans legitimes qui ne pourroient pas rapporter de si bonnes preuues de leur legitimité, que Messire Bernard de la Guiche en rapporte de la sienne, c'est à dire, vne reconnoissance en Iugement, & vne perseuerance si admirable en Iustice & en particulier, pour le deffendre contre l'attentat de ceux qui le veulent supprimer ? Si cét exemple n'est seuerement reprimé, il faut tout craindre de l'auarice des Collateraux dans la suitte, & rien n'empeschera plus vn parent auare ou chicaneur, de soustenir apres la mort d'vn Pere & d'vne Mere que leur succession luy appartient, & que celuy qu'ils ont reconnu pour leur Enfant, & lequel paroist pour recueillir leur bien, n'en peut ny n'en doit estre l'heritier, parce qu'il aura esté changé en nourrice, ou qu'ils se le seront volontairement suposé. Mais apres tout, quiconque fera reflexion sur l'entreprise des Dames appellantes, trouuera qu'elle surpasse

de

de bien loin tout ce que l'on peut imaginer d'estrange touchant le changement ou la supposition des Enfans; car peut-on comprendre rien de plus enorme que cette bizarre & temeraire accusation que les Sieur & Dame de S. Geran conjointement se soient supposé vn Enfant, sans que l'on allegue mesme aucun pretexte apparent, de quelque interest qui les ait pû induire à ce crime ?

S'ils auoient eu quelque inimitié capitale auec les Dames appellantes.

Si l'esperance de quelque succession aduantageuse auoit pû les animer.

Si leur vie s'estoit passée dans le desordre, que toutes leurs actions n'eussent esté que des déuoyemens & des déreglemens à l'honneur & à la Iustice.

Si leur naissance estoit telle, qu'ils ne se deussent pas beaucoup soucier de la profaner, ne prodiguant l'honneur de leur nom à quelque infame production de la terre ; Toutes ces choses ramassées ne suffiroient pas pour authoriser vne actió si preiudiciable & si temeraire: Et encore contre tous ces argumés la seule consideratió de l'interest des familles, de l'hónneur des Mariages & de l'estat des hómes, preuaudroit: Mais le contraire estant verifié, n'y a-til pas vne espece de fureur à soustenir que le Sieur de S. Geran mourant ait voulu expirer dans l'imposture, que la Dame sa veufue suruiuante, veüille perseuerer auec tant de courage & de constance, dans vne reconnoissance si fatale à son repos, par le desespoir qu'en ont pris les appellantes ? La Dame intimée supplie que l'on se propose vn instant, quel honneur c'auroit esté au Sieur de S. Geran mourant, de perpetuer son nom par vne lasche suppposition, & quel interest elle auroit eu de perseuerer si constamment dans vne declaration qui luy a fait liurer vne guerre mortelle de la part de celles qui la deuoient consoler ?

N'auroit-il pas esté bien plus honneste au Sieur de S. Geran de voir esteindre son nom dans la vertu de ses actions & dans la bonne odeur de la memoire de ses Illustres Ancestres, que de le mener à la lie du peuple, & le communiquer à quelque excrement de la terre qui ne seroit pas capable d'en soustenir la vertu, & l'éclat ? Et la Dame de S. Geran

L

n'auroit-elle pas esté bien plus heureuse de pleurer en repos la mort d'vn si illustre mary, & de soûpirer en paix dans son bien, que de s'abandonner à ce goufre de chicanes, d'impostures & de persecutions, que cette iuste & innocente reconnoissance luy a ouuert?

Si l'vn & l'autre auoient dessein seulement de procurer du bien à cét Enfant, qui les empéchoit ainsi qu'il a esté remarqué, de l'instituer leur heritier, & de le charger mesme de porter leur nom & leurs Armes? Les appellantes ne l'auroient pû contredire, & nos Loix leur permettoient: Ainsi, qui ne void qu'il n'y a eu que la verité & la force de la nature qui ait agy sur leur esprit; Et comment se pourroit-on persuader qu'ils eussent pris plaisir à se faire criminels en se supposant cét Enfant, tandis que par la voye d'honneur & d'innocence ils pouuoient l'instituer & le faire leur heritier.

Auant toutes choses, on doit examiner dans le Iugement de ces sortes de questions selon la pensée du Prince des Orateurs: La naissance, l'éducation, la qualité des mœurs & la fortune des accusez : car on ne croira pas aysement qu'vne femme de Race Illustre voulust inserer dans sa Famille vn Enfant qui seroit quelque excrement de vice, & greffer sur vne tige glorieuse le rameau d'vne posterité abjecte; On ne croira pas qu'vne femme de probité connuë, passe facilement de la vertu à ce dernier de tous les crimes; qu'vne femme modeste se soit emportée à cét excez d'insolence; qu'vne femme pieuse se soit abandonnée à cette impieté. Et enfin, qu'vne femme riche & accommodée se soit eschrappée au plus capital de tous les larcins, par lequel d'vn seul coup, on enleue le nom, les Armes, les biens de toute vne Famille, & mesme iusques à l'esperance des successions qui ne sont pas encore escheuës : *Reclamitat huiusmodi suspicionibus, ipsa natura; sic vita hominum est, vt ad maleficium nemo conetur sine spe atque emolumento accedere. Quærere ista deletis, Iudices, vbi multa auarè, multa audacter, multa improbe, multa perfidiosè facta videtis, ibi quoque scelus latere.*

Il n'y a donc que les complices de la conjuration qui puissent entrer dans des hyperboles si estranges que celles des appellantes dans leur accusation, & la seule consideration

du Mariage, détaché meſme de l'honneur de la Famille '&
de la charité fraternelle, deuroit feruir d'vne barriere
d'honneur contre cét attentat, qui n'eſt pas ſans fureur non
plus que ſans impieté,

Non pudet hos manes, hæc infamantia bellum,
Funera dijs coram & cælo inſpeſtante tueri.   *Sta.*

La Dame de S. Geran s'abandonne volontiers à la Cenſu-
re & à l'Inquiſition des Dames appellantes. Qu'elles diſent
ſi iamais elles ont remarqué dans ſa conduitte aucune choſe
qui approchaſt ou qui reſſentiſt vn ſi prodigieux déregle-
ment que celuy d'vn crime de ſuppoſition d'Enfant : Il eſt
eſcrit en la Loy 3. §. *Iulianus. ff. de ag. & alib.* Que l'vne des
particulieres conſiderations qui doit mouuoir les Iuges dans
les Queſtions d'eſtat, eſt celle qui reſulte de la probité ou de
la mauuaiſe vie de ceux qui conteſtent l'Enfant', quand l'vn
eſt *authoritatis, prudentiæ & fidei exploratæ*; & l'autre, *humilis &*
calumniator. Outre cela il y a encore, ſelon les Iuriſconſultes,
quatre circonſtances par leſquelles le Magiſtrat peut diſſi-
per tout ſcrupule & toute apparence de ſuppoſition : La premiere, quand l'Enfant a eſté du viuant de ſon Pere & de ſa
Mere en la quaſi poſſeſſion de ſa filiation par la reconnoiſſance qu'ils en ont fait.

La ſeconde, lors qu'on ne peut alleguer de cauſe ou de
pretexte raiſonnable de la ſuppoſition.

La troiſiéme, ſi les Parens ſont perſonnes d'integrité &
de reputation.

Et la derniere qui eſt inuincible, s'il y a eu vne groſſeſſe.
Toutes ces quatre circonſtances ſe r'allient puiſſamment en
faueur de la Dame intimée: & partant la calomnie qui eſt
faite, eſt atroce, & d'autāt plus digne d'vne reparation exem-
plaire, qu'aucune des marques & des indices qui font pre-
ſumer en droit la ſuppoſition, ne conuient au fait qui ſe preſente : car ce qui fonde principalement le doute & le ſoup-
çon de la ſuppoſition eſt, ſi la femme qui ſe dit Mere eſtoit en
âge fort aduancé, ſi en particulier il luy eſt échappé quelque
parole de la ſuppoſition dont on l'accuſe, ſi elle eſt accouchée ſans le miniſtere d'vne Sage-Femme ; Et enfin, ſi elle

a caché fa groffeffe à fes parens, & s'eft retirée en quelque
lieu écarté pour faire reüffir fon deffein : Mais fi l'on repaffe
fur toutes ces circonftances,& qu'on en faffe l'application au
fuiet, ce font autant de raifons inuincibles pour confondre
la calônie & l'impofture des appellantes,& particulieremét
fi l'on confidere que tant s'en faut que la Dame de S. Geran ait celé fa groffeffe, qu'au contraire elle l'a publiée
dans la Famille plus de fix mois auant fon accouchement.

Les appellantes eftonnées de voir tout ce qui refulte des
Interrogatoires & des Informations, obiectent que toutes
les preuues qui font au Procés criminel contre la Sage-
femme & les autres complices, font inutiles à leur égard,
pour le Iugement de la Queftion de l'eftat du Fils, parce
qu'il faut diftinguer le Criminel d'auec le Ciuil, les iuger
feparément, & leur permettre de faire la preuue que les
Sieur & Dame de Saint Geran fe font fuppofé l'Enfant dont
il s'agit.

En verité, il eft fort eftrange qu'elles prennent auiour-
d'huy tant de foin de prouuer que le Procés criminel foit
inutile pour la queftion de la filiation , aprés les efforts
qu'on leur a veu faire en l'Audience, pour fauuer la Sage-
femme & la Beaulieu du crime dont elles eftoient accufées:
Car fi ce Procés ne conclut rien pour l'eftat de l'Enfant,
pourquoy donc interuenoient-elles en faueur de ces deux
accufées, contre leur propre Frere & contre leur Sœur,
pour empefcher qu'il ne s'inftruifift? La feule couleur qu'elles employerent en ce temps-là pour fe rendre parties, fut
de dire, qu'elles eftoient les plus intereffées, & que ce procés allant à leur donner vn neueu & vn heritier, on ne les
pouuoit empefcher d'interuenir, maintenant qu'elles auan-
cent tout le contraire , comment concilier des chofes fi
oppofées ? Mais il ne faut pas s'eftonner de ce changement,
puis qu'en cette affaire elles n'ont point d'autre regle ny
d'autre mefure que leur intereft & leur paffion, quand elles
ont crû que la Sage-femme & la Beaulieu pouuoient feruir,
elles ont pris leur party contre leur propre Sang, & n'ont
rien efpargné pour les fauuer du gibet; l'vne n'eft pas plûtoft morte, & l'autre en fuitte, qu'elles les accablent d'iniu-
res, & paffent dans leurs efcritures à cét excés, de dire;

Que la Matrone, qu'elles ont si opiniastrement defenduë
aux yeux de toute la Terre, estoit plutost digne du feu que
de creance; bel Eloge qu'elles se donnent, pour auoir en-
trepris la defense d'vne si infame creature, contre la vertu
d'vne Sœur, & le salut de leur Race.

Mais au reste, n'est-ce pas vn veritable paradoxe aux appellantes de proposer, que le Iugement du Procés criminel, & toutes les preuues qui s'y pourront trouuer, ne sont
d'aucune consequence pour la question de filiation,
puisque le fonds de ce procés consiste en la suppression imputée à la Sage-femme, & en la maternité dispu-
tée à la Beaulieu : Il ne se peut rien conceuoir de plus essentiel pour la decision de l'estat de l'Arrest qui interuiendra; car si par l'Arrest la Beaulieu est condamnée, comme
on l'espere, y ayant desja des conclusions à mort, il est
constant que la Dame intimée doit estre iugée la veritable
Mere : Or si elle est reconnuë la Mere legitime, comment
pourroit-on plus nettement iuger l'estat? Est-ce qu'aprés
l'auoir decidé si solemnellement par le supplice mesme de
celle qui s'y opposoit, les appellantes seront receuables à
dire, qu'il n'y a que le crime iugé; & qu'à leur égard, il
faut tout de nouueau instruire l'affaire ciuilement?

Cette proposition choque tous les principes, estant certain que iamais on ne repasse sur vne Question d'estat, laquelle estant vne fois iugée, demeure pour tousiours, & enuers toutes sortes de personnes, à l'exemple des causes de
liberté, qui ne se mettent pas vne seconde fois au hazard;
D'ailleurs, la maternité estant iugée auec la Beaulieu qui se
soustient Mere de l'Enfant; quelle personne seroit partie
capable de remettre de nouueau en contestation cette maternité qui viendroit d'estre reglée ? Les Collateraux ne
peuuent auoir d'interest dans les biens, qu'autant qu'il n'y
aura point de maternité ny de filiation; tellement que l'vne
& l'autre estant decidée auec celles qui les disputoient, par
quelles raisons, sous pretexte de biens, qui ne sont qu'ac-
cessoires de la maternité, feroient-ils renaistre vn procés,
& remettre en compromis cette maternité ?

On demanderoit volontiers. si quand vn Pere a fait informer du Rapt qu'il pretend auoir esté commis en la per-

fonne de fon Fils ou de fa Fille, & qu'auec luy l'eftat des Enfans yffus du Mariage a efté iugé legitime : Les Freres & Sœurs feroient receuables, aprés vn Arreft qui auroit iugé vne premiere fois la Queftion, à difputer l'eftat de leur Neueu, fous pretexte qu'ils n'auroient point efté parties au procés, ou qu'il n'y auroit eu que le crime de iugé. Qui ne fçait que ces fortes d'accufations de rapt, de fuppofition, ou de fuppreffion d'Enfant, font matieres mixtes, toufiours meflées du Ciuil & du Criminel ; mais en forte que le Criminel, comme regardant la perfonne , attire le Ciuil , & en emporte le Iugement ? Ce feroit vne eftrange confufion, qu'vn eftat vne fois iugé , fuft remis à la cenfure de tous ceux qui pourroient y pretendre intereft ; car à ce conte, il le faudroit faire iuger autant de fois qu'il y auroit de Parens , puis qu'il eft vray que tous les Parens font intereffez dans ces Queftions, foit parce qu'au defaut d'enfans, on leur donneroit vn heritier ; ou enfin, parce qu'on communique le nom & les armes de la Famille.

Les regles de la Politique & de la Religion refiftent à cette pretention ; mais en cette conioncture il fe peut dire, que tous les principes du Palais y font contraires ; car les Dames appellantes eftant interuenuës dans le Procés criminel, & ayant appellé & formé oppofition pour les accufées, ne feroit-ce pas vn abus intolerable, qu'aprés que les accufées font conuaincuës , malgré tous leurs ftratagémes, les appellantes ne les ayant peu auuer dans le Procés criminel, qu'elles obtinffent de faire vne preuue Ciuile, par laquelle , à la faueur de deux ou trois témoins qu'elles auroient fuborné , des accufées reuiendroient & paroiftroient innocentes , aprés qu'elles auroient efté condamnées , & peut-eftre executées. De deux chofes l'vne, ou il y a preuue au Procés, que la Sage-femme a fupprimé l'Enfant, & que la Beaulieu a fauffement vfurpé le titre de Mere ; ou il n'y a point de preuues : Si le faict a efté iuftifié , il eft iufte qu'elle foit condamnée, & elles ne peuuent, ny directement fous leurs noms, ny indirectement fous celuy des appellantes , eftre receuës en des faicts iuftificatifs ; que s'il n'y a point de preuues , elles n'ont rien à craindre.

Mais pour eftablir encore plus nettement ces raifons , il

faut obseruer, qu'il y a trois differentes complaintes en cette affaire.

La premiere, du trouble qui est fait à Messire Bernard de la Guiche en la possession de sa filiation, dont le droit luy est acquis par la reconnoissance de ses Pere & Mere, faite en Iugement, aussi bien que par leur Testament.

La deuxiesme, du trouble qui luy est fait en la possesfin de l'heredité du feu Sieur Comte de Saint Geran son pere.

La troisiesme, du trouble que les Dames appellantes pretendent leur estre fait en la possession de la mesme heredité, de laquelle elles souftiennent auoir esté saisies de droict par la mort du feu sieur Comte de Saint Geran, comme les plus proches parentes. Toutes ces complaintes constamment sont fondées sur vne possession de droict, c'est à dire, sur la filiation ; c'est pourquoy elles se doiuent iuger par le merite du titre ; selon la maxime indubitable, que le possesseur de droict, à la difference de celuy de faict, se iuge par les titres & par le droict ; au lieu que l'autre ne se decide que par la possession reelle & actuelle ; de sorte que le titre dudit Sieur Bernard de la Guiche, estant la declaration faite par ses Pere & Mere qu'il estoit leur Fils, & les preuues qui sont au procés de la Sage-femme & de la Beaulieu, il faut sans doute, auant toutes choses, iuger le procés, & voir si cette miserable, que les Dames appellantes ont excitée, a eu quelque raison de disputer à la Dame intimée la qualité de Mere.

Il est donc iuste que le procés de la Beaulieu, où il s'agit de la filiation de l'Enfant & de la Maternité contestée à ladite Dame de Saint Geran, soit iugé auec les Dames appellantes, & que l'Arrest qui interuiendra sur ce procés, termine toute cette Question, sans resource ; puis qu'aux Instances d'estat & de condition des personnes, les Iugemens qui interuiennent sont indiuisibles, & ont force & effect contre tous ceux qui y ont interest, quoy qu'absens ; & par ce moyen sont communs de droict à leur égard, comme il est decidé, *l. pariter. ff. de lib. cap. l. vlt Cod. de sent. pas. & restit.* Et tant s'en faut que les Dames appellan-

tes euſſent raiſon d'empeſcher la coñionction de leur appel-
lation à ce procez, comme elles ont fait, qu'au contraire, le
procez de la Beaulieu eſt abſolument preiudiciel.

Premierement, parce que dans la Theſe generale le
Droict & l'Vſage veulent que, *prius de perſonnis quàm de rebus
agatur, l. ſi iudicem. ff. de condit. & demonſt.*

, Secondement, cela doit auoir lieu principalement lors
qu'il s'agit de l'eſtat de la perſonne qui doit ſeruir à la
queſtion, d'vn droict poſſeſſoire ou petitoire d'vne ſuccef-
ſion, ou à la deciſion de quelque autre different, *Nam
perſona cùm ſit dignior, trahit ad ſe conſiderationem bonorum. l.
procuratorem. ff. de acq. vel amitt. hæred.* Et par la Loy ſeconde, *Cod. de ord. Iudic.* la difficulté qui concerne la filiation doit eſtre iugée par prealable, lors meſme qu'elle
eſt incidente à quelques autres; & à plus forte raiſon au
faict qui ſe preſente, où la complainte des Dames appellantes eſt poſterieure, & conſequemment incidente.

Mais enfin, il n'y a point de priuilege, de raiſon ny de
conſideration, qui puiſſe faire diuiſer la condition & l'eſtat
de la perſonne, *cap. olim. extra de cler. coning.* C'eſt pourquoy
meſme en ce cas, la Regle *inter alios iudicata* n'a point de
lieu; & c'eſt icy où l'on applique contre tous intereſſez
preſens ou abſens cette autre maxime, *res iudicata pro ve-
ritate habetur.*

Ainſi c'eſt vne pure ſubtilité de dire que les preuues du
procez ne ſeruent que contre les accuſées, car il eſt bien
vray que les preuues ne ſont pour la condamnation du crime & la peine afflictiue que contre les accuſez, mais à
l'égard du Ciuil, elles ſont preuues indifferemment contre
toutes les perſonnes qui y ſont intereſſées pour les conſequences, & les intereſts ciuils qui les y engagent : Par
exemple, ſi dans vne queſtion de rapt, qui eſt criminelle,
quelque particulier interuenoit pour vn intereſt ciuil contre
l'accuſateur ou l'accuſé, les informations ne luy feroient
point de preiudice en ce qui eſt du crime & de la peine; mais
on tireroit contre luy des conſequences ciuiles. Tout de
meſme dans vn procez qui ſe feroit à vn Officier pour con-
cuſſion, ſi les creanciers interuenoient pour la conſeruation
de leurs droicts; ſans doute les preuues du procez en ce qui

eſt

est de la peine & de la punition n'auroient effet que contre l'accusé ; mais pour le Ciuil, elles ne laisseroient pas
d'estre concluantes contre les creanciers ; ce qu'appliquant
à l'hypothese qui se presente, la Cour voit combien il est
inutile de dire par les Dames appellantes, que n'estant
point accusées dans ce procés, & les témoins ne leur ayant
point esté confrontez, toutes les preuues en sont sans effet
à leur égard, comme si la mesme preuue qui conuainc la
Beaulieu ne iustifioit pas la Dame de Saint Geran ; & partant l'estat de son fils, qui est le poinct en quoy consiste
tout l'interest des Dames appellantes, lesquelles n'auroient
pas fait tant de chicanes & de trauerses depuis la mort du
Sieur Comte de Saint Geran, pour se distraire de ce Procés
criminel, & en faire vn separé, si elles n'auoient bien iugé
que les preuues qui y sont, confondent leurs pretentions :
mais à present qu'elles y sont parties pour le ciuil, & que la
Dame intimée en employe toutes les pieces pour iustifier l'e-
stat de son fils, & sa maternité; Il est indubitable qu'il n'y a
point d'autre decision de toute la Question que dans les Informations ; quoy qu'à vray dire, toutes ces preuues doiuent
estre superfluës, aprés la declaration d'vn Pere & d'vne Mere
de vertu & de naissance éminente : Estant sans exemple, que
des Collateraux ayent iamais formé vne pareille persecution. Et ce fut, sans doute, la raison pourquoy la Cour ne
iugea pas qu'elle les deust receuoir parties interuenantes en
l'Audience, leur interest n'estant aucunement receuable
contre les voix & les suffrages du Pere & de la Mere, qui
doiuent estre souuerains Iuges dans ces questions, quand ils
sont vnis pour la defense d'vne mesme verité ; & que tous
deux ensemble ils la reconnoissent en public, & par tout
ailleurs.

A ces raisons generales, la Dame intimée adiouste vne
consideration importante, qui est, que sa maternité luy
ayant esté contestée par la Beaulieu, qui se soustenoit Mere de l'Enfant, la fuitte de cette Megere asseure le droict de
l'intimée, & sert de preuue inuincible pour le crime de cette malheureuse : De sorte qu'auiourd'huy, l'Enfant qui
estoit disputé & reclamé par cette bouche mercenaire &
corrompuë, ne l'estant plus, il reste que son Enfant luy soit

M

rendu, n'y ayant plus de perfonne qui le contefte : Car enfin l'eftat des hommes eftant la chofe du monde la plus precieufe, & les Parens n'ayant rien de fi cher que leurs Enfans, doit-on douter, que fi Meffire Bernard de la Guiche, dont l'eftat eft contefté, appartenoit à quelque autre qu'au Sieur & Dame de Saint Geran, qui l'ont reclamé, il ne fuft auiourd'huy reuendiqué par fes Pere & Mere ? Mais bien loin que cela foit, la Cour void, que la Beaulieu ayant eu l'impudence de s'en dire la Mere, elle fe retracte par fa fuitte, & auouë publiquement que fon entreprife eft vn crime, qui ne peut eftre expié que par la mort, puis qu'elle n'oze en attendre le Iugement ; & que plutoft que de le fubir, elle fe condamne à vn exil perpetuel : ce qui, fauf correction de la Cour, fait vne demonftration inuincible de la verité, en faueur de la Dame intimée ; eftant certain qu'en ces fortes de matieres, qui font purement coniecturales, il ne fe peut tirer d'argument plus fort que celuy qui naift & qui procede de femblable circonftance, témoin le Iugement du plus fage des Roys, lequel aprés auoir long-temps balancé les raifons des deux Femmes, qui fe pretendoient Meres d'vn mefme Enfant, ne fe determina que par la conftance de l'vne, & l'indifference de l'autre, ayant preferé celle qui perfeueroit dans fes affections pour l'Enfant à celle qui témoigna y auoir moins d'attache ; parce que le veritable caractere de la maternité eft l'amour & la conftance. Or fi ce fameux Iugement, que toute la Terre a creu infpiré du Ciel, n'a eu pour fondement que l'affection de la veritable Mere, & l'indifference de celle qui eftoit fuppofée, la Dame intimée ne peut-elle pas efperer auec Iuftice, que la Cour conformant fes Arrefts fur ce premier modele, & ce patron infaillible de la Sageffe Diuine, elle condamnera l'impofture de la Beaulieu, qui n'auroit pas fi lafchement abandonné fon Enfant, fi elle fe fentoit veritable Mere, & protegera la conftance & la vertu de l'intimée, qui depuis tant d'années fouftient, auec vne conftance admirable, les efforts de la plus cruelle de toutes les perfecutions, pour fe conferuer & defendre l'eftat de fon Enfant?

Peut-on, fans horreur, entendre que des heritieres colla-

tera les difputent auiourd'huy la maternité de leur Sœur,
aprés que cette Furie, viuante qu'elles auoient coniuré pour
luy difputer ce titre, a quitté la lice, & s'eft bannie de fon
propre païs, plutoft que de l'ozer fouftenir dauantage au
peril de fa vie.

Sans difficulté, il faut que cet Enfant foit à la Dame de
Saint Geran, ou à la Beaulieu, puifque nul autre ne le re-
uendique, & que l'on ne peut pas dire ny croire quel'Enfant
n'appartienne à perfonne, ou qu'il fuft à des Parens qui
l'abandonneroient volontairement. Cette lafcheté faifant
violence à la Nature, & ne pouuant iamais eftre prefumée;
la Beaulieu fe defifte de fon action par fa fuitte, & en re-
connoift l'impofture; de forte, que de toute neceffité il faut
conclure qu'il eft à la Dame intimée, & qu'on ne luy peut
refufer.

Que fi les chofes eftoient aux termes, que perfonne
n'euft contefté iufques à prefent la maternité, & que le
Sieur Comte de Saint Geran ne l'euft pas reconnuë en Iugement & en particulier, les Dames appellantes pourroient
peut-eftre alleguer que l'intimée, auant que de faire efclor-
re dans le public cette pretenduë fuppofition, auroit preparé toutes chofes, pour impofer à la memoire d'vn mary
decedé, & gagner la veritable Mere; en forte qu'vn nota-
ble intereft, ou fa propre affection pour fon Enfant, qu'elle mettroit en meilleure fortune, la rendift muette : Mais
on ne dira pas auiourd'huy que la Dame de Saint Geran ait
trompé fon mary, pour luy faire croire qu'il fuft Pere de
cet Enfant, ou qu'elle euft apofté la Beaulieu pour s'en
fouftenir d'abord la Mere, & lafcher prife en fuitte, au
peril de fon honneur & de fa vie : Tellement que les chofes s'eftant paffées le plus ferieufement qu'elles peuffent
eftre imaginées, & le champ eftant demeuré à la Dame intimée par la fuite honteufe de cette cruelle ennemie, qui
vouloit luy arracher fon Enfant d'entre fes bras pour le fa-
crifier à la mifere & à l'infamie : Il refte de conclure qu'elle n'a plus de legitimes ennemies, & que ces deux heritieres, qui paroiffent auiourd'huy, ne font ny capables, ny
competantes pour luy difputer fa victoire; car fi ce premier
combat, que la Beaulieu a liuré à l'intimée, s'eftoit paffé

à l'infceu des appellantes , & qu'elles n'en euffent rien
veu , peut-eftre diroient-elles qu'il y a de la feinte &
de la collufion ; mais aprés que toute la France les a veuës
à la tefte de la Beaulieu & de cette miferable Sage-
femme , combattant auec elles en pleine Tournelle ,
pour defendre , l'vne de la mort , à laquelle elle eftoit
condamnée ; & l'autre , des decrets qui eftoient inter-
uenus ; pourroit-on fouffrir qu'vne fœur & vne niepce
renouuellaffent ce funefte combat ? Comme fi en matiere de caufe d'eftat , il eftoit permis de contefter deux
fois ? C'eft vne chofe qui donne de l'horreur, de voir dans
le procés, que toutes les pieces dont la Beaulieu s'eft feruie
dans la Plaidoyrie de la caufe , luy eftoient adminiftrées
par les Dames appellantes, ainfi qu'il paroift par la lecture de l'Arreft ; & que non contentes de former des op-
pofitions pour elles , & d'interietter des appellations pour
la Matrone condamnée à eftre penduë : Elles faifoient
tous les frais de la pourfuitte, & donnoient mefme de l'argent au fils de la Sage-femme pour fa nourriture ; & qu'a-
prés tous ces efforts & ces ftratagémes inutiles , fous le nom
de ces malheureufes parties, elles ozent hardiment auancer
qu'elles n'ont point de part en tout ce qui s'eft fait, & qu'elles veulent tout de nouueau renouueller la perfecution,
comme fi elles auoient quelque autre chofe à propofer que
ce qu'elles ont fait dire à la Beaulieu , & que ce qu'elles
ont dit auec elle , pour fouftenir qu'elle eftoit mere. La
Cour fçait, que leur Aduocat s'épuifa pendant trois heures
entieres, à dire tous les faicts, & reprefenter toutes les couleurs dont elles auoient chargé fes Memoires : Elle fçait que
l'Aduocat de la Beaulieu en confomma autant en vne de-
clamation iniurieufe contre les Sieur & Dame de S. Geran ;
& tant s'en faut qu'il foit rien furuenu depuis ce temps-là ,
qui rende leur caufe plus fauorable, qu'au contraire, le deceds du Sieur Comte de Saint Geran eftant arriué, les forces de la verité fe font accreuës par fon Teftament, & l'impofture de la fuppofition confonduë , n'eftant pas à croire
qu'vn Chreftien, & qu'vn Seigneur de cette qualité, euft
voulu clorre fa vie par vn menfonge fi abominable que celuy d'vne fuppofition. Ainfi la Cour voit , que depuis le

Plaidoyé de la cause, la Beaulieu ayant abandonné par sa fuite l'Enfant, & le Sieur de S. Geran en ayant confirmé l'estat par son Testament : ces nouueaux efforts des Dames appellantes ne peuuent passer que pour des coups de desespoir, puisque les choses sont si notablement empirées & décheuës, pour elles, depuis la premiere tentatiue où elles n'ont pû reüssir.

Quant à la preuue qu'elles soustiennent leur deuoir estre permise, il seroit inutile, contre les Regles & tres-dangereux, de leur en accorder la permission : car si la preuue de la maternité & de la filiation est establie dans le procez criminel, il seroit tres-inutile d'admetre les appellantes à faire preuue du contraire, parce que l'affirmatiue estant verifiée, la preuue de la negatiue ne seruiroit à rien, quelques enquestes que les appellations rapportassent.

Ioint que si par l'Ordonnance la preuue n'est pas receuë au dessus de cent liures, à cause de la facilité de corrompre des témoins, on ne la peut honnestement demander, pour prouuer qu'vn enfant ne soit pas le fils d'vn pere & d'vne mere qui l'auoüent & qui le reconnoissent : c'est assez pour le priuer de l'estat où il aspire, qu'il ne prouue pas de sa part la verité de son estat, & ses aduersaires en ce cas n'ont pas besoin de prouuer la negatiue ; mais quand il en rapporte la preuue, c'est vne iustice manifeste de demander qu'il soit permis à des Collateraux de verifier le contraire ; de sorte que tout le poinct de la difficulté consiste à examiner si la preuue de l'estat est constante, & quand vne fois elle est establie, il s'y faut de toute necessité arrester, puisque deux témoins subornez par des pretendus heritiers pourroient renuerser vn estat & vne filiation bien iustifiée, telle qu'est celle-cy, laquelle n'est pas seulement fondée dans la deposition d'vne multitude de témoins de toutes sortes de bonnes conditions : mais où l'Enfant a cet auantage, que la Sage-femme a esté condamnée à mort pour son crime, & a reconnu la verité de l'estat ; La Beaulieu est fugitiue, & auoüe par son absence son imposture, & pardessus toutes choses, il a les reconnoissances de son pere & de sa mere, faites en Iustice, & par leurs Testamens, apres quoy il y a de l'inhumanité, de le vouloir suffoquer dans le sein de ſes Parens, & au milieu de tant de preuues invincibles, *ſic ſe res habet, iudices, magnam vim, magnam neceſſitatem, magnam poſſidet religionem paternus maternuſque ſanguis.*

Mais ce qui eſt d'vn poids infini en ce lieu, c'eſt que par vne permiſſion de faire preuue, les Dames appellantes trouueroient l'ouuerture pour faire ce qu'il ne leur a pas eſté poſſible de faire iuſques à preſent, qui eſt de détruire ce qui eſt prouué par vn Procez Criminel, inſtruit depuis ſi long-temps par recollement & confrontation, où la verité eſt conſtante par les Interrogatoires & par la fuitte des accuſez, & pretendroient en ſubornant deux ou trois miſerables, comme il n'eſt pas difficile de le faire à force d'argent, que la reconnoiſſance de la Sage-femme qui a confeſſé la verité, & la depoſition de plus de cent témoins, qui ont eſté recollez & confrontez, ſeroit eludée: La Cour iugera ſi cela ſe peut demander en l'eſtat que ſont les choſes, & ſi apres que les appellantes ont fait tous leurs efforts pour ſauuer les coupables, il eſt iuſte de leur en accorder aujourd'huy l'abſolution contre les preuues d'vn Procez tout inſtruit; car enfin on ne peut pas douter que dans la paſſion, auec laquelle les appellantes perſecutent la Dame de Saint Geran, on ne fera pas grand ſcrupule de tout entreprendre pour ſupprimer vn Enfant que l'on attaque ſi cruellement.

Mais de la maniere que les appellantes s'expliquent dans leurs eſcritures, il ne faut plus d'autre preuue que leur propre diſcours, pour les condamner; car elles auoüent que de verité la Sage-femme a reconnu dans ſon Interrogatoire, & en pluſieurs autres endroits du Procez, qu'elle auoit accouché la Dame intimée, par art magique; elles y reconnoiſſent meſme tacitement que la Beaulieu s'eſt pû tromper, quand elle a dit que ſon ſecond fils eſtoit decedé, & qu'aujourd'huy elle eſt rauie de fauoriſer par ſa fuitte l'erreur de l'intimée, puiſque cét erreur met ſon Enfant dans vne grande Famille, & dans vne fortune conſiderable: au lieu que luy demeurant, il ſeroit miſerable, & ne le pourroit pas eſleuer.

Mais, diſent-elles, ces reconnoiſſances ſont eſtranges

res & inutiles pour le fait de la filiation dont il s'agit, dau-
rant qu'il se peut faire que la Dame intimée soit accouchée, & que neantmoins ce ne soit point de l'Enfant qui
est aujourd'huy representé ; Voila quel est leur raisonnement, il faut voir quel en doit estre la force & l'induction
raisonnable.

En premier lieu, la Cour est supliée de considerer que iusques à present lesappellantes ont soustenu auec vne opiniastreté sans exemple, que la Dame intimée n'auoit iamais
esté grosse, & consequemment qu'elle n'estoit pas accouchée; elles auoient tousiours traitté de vision cette grossesse, & l'Enfant de phantosme, aujourd'huy mesme, dans
leurs propres écritures, elles disent encore par vne contra-
diction sensible, que la Dame intimée s'est abusée quand
elle s'est cruë grosse, & pour le monstrer rapportent des
Lettres de Madame la Mareschalle de S. Geran sa Mere,
& cependant il est vray par leur confession, que la Sage-
Femme a reconnu l'accouchement dans ses Interrogatoires : Or s'il y a eu accouchement elle a donc esté Mere, &
toute la Question ne se reduit plus qu'à examiner si c'est de
l'Enfant qui se presente, ou de quelque autre. Mais
les appellantes oseroient-elles bien dire que ce fust de quelque autre qui seroit decedé ou absent, apres auoir si furieu-
sement combattu cette grossesse, & soustenu qu'elle n'auoit
iamais esté ? representent-elles quelque autre Enfant, qui se
dise le fils de l'intimée; rapportent-elles quelque extraict
mortuaire de ce veritable Enfant ; ont-elles dit qu'il fust
mort ou en vie, present, ou absent, en France ou dans quelque païs écarté : Disent-elles quelques raisons pourquoy la
Dame intimée auroit voulu supprimer son veritable fils &
s'en supposer vn faux ? Tandis que l'Enfant qu'elle reuendi-
que ne luy sera pas disputé par quelqu'autre Mere qui le demande comme son fils ; il est indubitable que nul autre n'est
capable de luy en quereller la possession ; parce qu'estant necessaire que cét Enfant soit à quelqu'vn, il ne peut estre
iugé appartenir qu'à ceux qui le possedent, pendant qu'on
ne leur en conteste point la proprieté ny la possession. Tellement que cét enfant ne luy ayant esté querellé que par la
Beaulieu, qui le quitte aujourd'huy par sa fuitte, il est in-

dubitable qu'elle est dans vne iuste possession de ce fils, &
qu'on ne l'y peut troubler sans faire la derniere violence à
toutes les Regles de la Nature & de la Religion. Seroit-il
dit que la Dame de Saint Geran ayant fait condamner la
Beaulieu, & deffendu sa maternité contre les impostures de
cette femme corrompuë, elle fust obligée de la faire iuger
encore vne fois contre des heritieres Collateralles, qui
auoient suscité cette Furie viuante pour luy rauir son Enfant? Il est constant qu'à l'égard des Appellantes, la question ne pourroit plus tomber sur l'indiuidu de l'Enfant,
pour sçauoir si c'est celuy-cy, ou vn autre : car l'Enfant que
la Dame Intimée possede ne luy estant plus disputé par aucune mere, puis que la Beaulieu a abandonné ses supposi-
tions, si ladite Dame intimée est Mere d'vn Enfant, il reste à
conclure que ce soit de celuy-cy, qui mesme luy est double-
ment acquis, apres l'auoir sauué par sa constance & sa vertu, des mains & des griffes de cette harpie, qui le vouloit
arracher : De sorte qu'il n'y auroit qu'vne resource aux Dames appellantes, si la Dame intimée manquoit de preuue
de son accouchement, sçauoir, de soustenir qu'elle ne seroit
iamais accouchée; mais le procez estant plein de cette preuue,& les appellantes demeurant d'accord maintenant que la
Sage-femme a reconnu la verité de l'accouchement, où
peut estre le poinct de la difficulté, qui ne void vne fin de
non receuoir inuincible ? Quoy traitte t'on ainsi la qualité
de pere & de mere en Iustice ? Et sera-il loisible de marcher de calomnie en calomnie, de passer d'imposture en imposture, pour insulter si cruellement à la pieté & à la
vertu des siens? Les appellantes ont fait cét outrage en pleine
Tournelle à la Dame intimée, que de l'accuser de se supposer vn Enfant, quoy qu'elle ne fut iamais accouchée; &
lors qu'elles se voyent conuaincuës dans cette calomnie, elles seront receuables à changer & à dire qu'en tout cas ce
n'est point celuy qu'elle possede,& qu'elle a retiré du gouffre
& de l'abisme où elles l'auoient voulu precipiter? L'estat des
hommes qui est si precieux, sera-il ainsi le jouet de l'auarice
& de l'oppression de deux heritieres Collateralles, qui ont
si cruellement attaqué l'honneur du deffunct Sieur Comte
de S. Geran & de la Dame sa veufue, leur frere & sœur,

en

en les taxant d'vne supposition criminelle, & bassoüant cette grossesse comme vne erreur de sa fantaisie, ou l'ouurage de son imposture & de sa malice?

Iamais les Collateraux qui se plaignent d'vne supposition de p art, ne peuuent proposer que de deux choses l'vne, ou qu'il n'y a point eu d'accouchement, ou que l'Enfant soit mort : car quand l'accouchement est verifié, & que la mort de l'Enfant n'est pas prouuée : Il est sans exemple & contre le sens commun que des Collateraux soient receuables à proposer que l'Enfant qui est en la possession des parens ne soit pas veritable, lors que cét Enfant ne leur est querellé par personne. Or icy l'accouchement est iustifié, & les Dames appellantes en demeurent aucunement d'accord, l'Enfant n'est point reclamé par aucun autre; ainsi non seulement par la consideration que le pere & la mere ont aduoué cét Enfant de leur viuant, les Collateraux ne sont point receuables, mais mesme la supposition pretenduë se détruit parleur propre bouche & dans leurs escritures.

La Dame intimée ne conteste pas que dans les affaires ciuiles les appointemens de faire preuue ne soient respectifs: mais aussi personne n'ignore que cela ne s'entend que des affaires purement ciuiles & non pas des mixtes, telle que l'est vne question de supposition, où le Ciuil n'est qu'accessoire du Criminel : cette accusation estant capitale en soy, quoy que souuent les Collateraux ne la forment qu'à l'occasion du bien; autrement par vne enqueste de deux tesmoins on destruiroit facilement vne preuue toute faite par des Interrogatoires & des confrontatiós, ce qui seroit d'vne-tres pernicieuse consequence, & mesme contre les premiers principes du raisonnement : Car si dans les affaires purement ciuiles les appointemens de faire preuue sont respectifs, c'est afin que l'affirmatiue n'estant pas prouuée, la negatiue le puisse estre; mais quand l'afirmatiue est verifiée, la preuue contraire n'est pas receuable, parce que la preuue de l'estre estant establie, celle du non estre ne poutra passer que pour vne imposture : & l'on ne peut pas douter, qu'vne verité prouuée dans vn procez criminel, instruit de toutes ses formes, ne soit bien plus puissante que ne le seroit la preuue d'vne simple enqueste , parce que des accusez qui deffendent leur vie

N

sont presumez ne rien obmettre de tout ce qui peut contri-
buer à leur deffence, & des tesmoins, qui outre leur deposition ont perseueré dans des recollements & des confrontations, en des affaires où il s'agit de perdre la vie aux accusez
par leurs tesmoignages, sont bien plus asseurez & bien plus
circonspects, que ceux qui ne font que deposer dans vne
simple enqueste, sans autre formalité, & sur des choses où il
ne s'agit que de biens & d'interests ciuils; Tellement qu'il est
vray de dire, que si la preuve de la filiation est faite dans le
procez criminel, il seroit également inutile & dangereux
d'accorder la permission d'vne preuue contraire, & ce d'autant plus que les Dames appellantes ont déja fait voir au
procez ce qu'elles font capables de faire, si on ne les retient
par les Regles & par les principes qu'elles violent auec tant
de temerité : Car qui est-ce qui pourroit supporter, qu'ayant
demandé permission de faire preuue par vne Requeste du 7.
Ianuier 1661. & cette Requeste estant jointe au procez par
vn Arrest du 3. Mars 1662. elles raportent neantmoins aujourd'huy vne Enqueste faite par vn Commissaire du Cha-
stelet, dattée du 12. Mars 1659. deux ans auparauant qu'elles en eussent demandé la permission, & au prejudice de
l'Arrest qui joint cette Requeste? N'est-ce pas se faire Iustice
à elles-mesmes dans le poinct le plus essentiel qui soit au
procez ? Et n'est-ce pas ouuertement manquer de respect à
la Iustice, que de faire d'autorité priuée, les choses qu'elle
n'a pas voulu accorder ? Mais cette Enqueste est vne chose
si monstreuse dans l'ordre & dans la discipline Iudiciaire,
que les appellantes mesmes ont eu pudeur de la produire ny
de l'alleguer dans toutes les procedures & les plaidoy-
ries qui ont esté faites depuis 1659. qu'elle est dattée.

Il est assez estonnant, que les Dames appellantes ayent
voulu insinuer par leurs écritures, qu'en tout cas s'agissant
de prouuer vne filiation, il falloit rapporter pour preuue vn
Extraict Baptistaire : car on demeure bien d'accord, que
dans l'ordinaire les naissances se prouuent par ces Extraicts;
mais dans les rencontres extraordinaires, telles que celles du
Plage ou de la suppression, cela n'a jamais esté pensé, & il y
auroit mesme de l'impossibilité ; car comment se pourroit-
il faire, qu'vn Enfant qui auroit esté volé à ses Parens en naiss-

ſant, ou peu aprés, rapportaſt des preuues de ſon Baptiſtaire ou de ſon education dans leur maiſon? Auſſi eſt-ce vn
principe conſtant en Droict , & ſelon noſtre vſage, que la
filiation ſe prouue en toutes ſortes de façons & par écrit &
par témoins, meſme par ſimples coniectures, ainſi qu'il a
eſté monſtré : Et de fait ſi la preuue de la filiation dépendoit
d'vn Extraict Baptiſtaire ou de l'education dans la maiſon ,
combien y a t'il de perſonnes legitimes qui ne pourroient
pas rapporter ces Extraicts ? & combien de Parens ont plus
cruellement traitté leurs propres Enfans que des eſtrangers
en les chaſſant & les deſauouant, comme il n'ya que trop
d'exemples , *les Moyſes, les Remus, & les Romulus* , qui ont
eſté de grands originaux dans le monde, euſſent eu bien de
la peine à iuſtifier par les preuues ordinaires la verité de leurs
naiſſances ; mais il faut ſelon la penſée de Pindare, que les
miracles de leurs conſeruations ſuppléent; & de meſme que
le ſang tenoit lieu de Bapteſme à ces petits Innocens que les
Tyrans faiſoient égorger dans le moment qu'ils voyoient le
iour ; ainſi l'inhumanité des Rauiſſeurs qui ont enleué vn
Enfant dans l'inſtant de ſa naiſſance, luy doit bien ſeruir
d'Extraict Baptiſtaire, quand d'ailleurs la verité ſe produit,
comme elle fait en cette rencontre.

Elles ajoûtent qu'il y d'autant plus de raiſon d'inſiſter ſur
ce deffaut d'Extraict Baptiſtaire, que vray-ſemblablement
l'Enfant dont eſt queſtion eſt le fils de la Beaulieu : & qu'encore qu'il y ait preuue au Procez, qu'on luy ait ouy dire que
ſon ſecond fils eſtoit mort , neantmoins elle s'eſt pû tromper ; & que ſi elle eſt aujourd'huy fugitiue, ce n'eſt que pour
faire reüſſir l'erreur de la Dame intimée en faueur de ſon Enfant, pour le mettre en bonne fortune. Mais ce raiſonnement
eſt ſi temeraire & ſi forcé, qu'il ne merite pas meſme de répô-
ſe, car on ne ioüe pas dans cette matiere dans les queſtiõs où
ily va de la vie:& on ne peut pas ſans bleſſer la pudeur, tâcher
de faire croire que cette Féme qui a fait tant de ſtratagemes
en public & en particulier, pour s'emparer de cet Enfant,
aimaſt mieux le perdre par ſa fuitte , & encourir la condamnation du dernier ſupplice, que de le conſeruer, en ſouſtenant ſes premieres pretentions , & demeurant dans le combat iuſques à la fin ; mais s'il eſtoit vray que la Beaulieu fuſt

la veritable Mere, pourquoy donc les Dames appellantes dans leurs écritures ont-elles faitdire , que cette mal-heureuse ayme sa peau, & qu'elle a mieux aymé s'enfuïr que d'attendre sa condamnation ? Car pour vser de leurs termes, il n'y auoit rien à craindre pour sa peau, s'il est vray qu'elle fust la veritable Mere, & ce n'est que la voix de sa conscience, & la crainte du supplice qu'elle merite, qui luy a donné l'épouuante & la terreur.

Les Dames appellantes objectent enfin, que l'intimée n'est pas reccuable à se plaindre sept ou huict ans apres vn accouchement & à produire dans le public vn fils qu'elle n'auoit point reconnu iusques-là en cette qualité, que son action est si extraordinaire, qu'il la faut estouffer comme vn monstre dés le moment qu'il paroist , à l'exemple de ce que la Cour fit par vn Arrest celebre contre le sieur de Marigny , lequel s'estant plaint que sa femme n'auoit pas la conformation des parties , & demandant sur ce fondement la rupture du Mariage, en fut débouté, quoy qu'il iustifiast son fait par certificats des Medecins , & qu'il n'est pas possible de croire que cet Enfant ait esté enleué clandestinement dedans le Chasteau de S. Geran, où presque toute la Famille estoit assemblée.

S'il y a du monstre en cette affaire, c'est dans la cruauté des appellantes : car est-il au monde rien de si naturel & de si humain que l'action de la Dame de S. Geran, qui reconnoist son fils , & le deffend courageusement contre les attentats de ses ennemis ? La Mere qui auoüe son Enfant agit aussi naturellement que la pierre qui descend à son centre, & que le feu qui brûle & monte à la haute region, & la Sœur qui persecute sa Sœur & son Frere , agit contre nature.

Pour ce qui est de l'application qu'on a voulu faire de l'Arrest de Marigny à l'espece qui se presente, elle est si estrange, qu'elle se refute assez d'elle-mesme , sans qu'il soit besoin d'y répondre plus amplement , & donnera plustost de l'horreur aux Iuges que du droict aux parties.

Certes , ce seroit vne dangereuse Iurisprudence de reietter tout ce qui ne seroit pas ordinaire , puis qu'au contraire plus la chose est nouuelle , & plus il est iuste d'en penetrer

les circonstances, afin que la verité soit connuë sur le raisonnement des Dames appellantes, les crimes qui sont les
plus atroces, doiuent tousiours demeurer impunis & sans
recherche, parce qu'ils ne sont énormes qu'à proportion de
ce qu'ils sont noueaux, & qu'ils font outrage à la Nature :
Les parricides, les meurtriers de leurs propres enfans, les
maris ou les femmes, qui se deffont l'vn l'autre par venefice
ou poison, trouueroient vne defense bien prompte dans cette pernicieuse maxime, si parce qu'ils sont extraordinaires,
la plainte en deuoit estre reiettée. Mais en verité, le seul
prodige de l'affaire est l'inhumanité des appellantes, qui
persecutent si cruellement la nature & la vertu tout ensemble, en la personne d'vn Frere, d'vne Sœur & d'vn Neueu,
d'vn Pere, d'vne Mere, & d'vn Enfant, qui traittent auec si
peu d'honneur la dignité du Mariage, duquel le Fils est
issu, la declaration de ses Parens qui l'auoüent en Iustice,
& la religion d'vn Chrestien qui meurt, en declarant par
son Testament cette verité.

Voila ce qui est capable de donner de l'horreur ; car enfin toute cette tragedie des appellantes aboutit, pour ainsi
parler, à esteindre le nom de leurs Ancestres, & leur posterité, dans la derniere goutte du sang masle de leur Race.

> *Extremum tanti generis per sæcula nomen,*
> *Pectore in hoc pater est, omnes in Cæsare manes,*
> ———— *Et nomen gentes delere laborant.*

Au surplus, si l'Histoire Romaine rapporte qu'vne Plauti-
ne fut assez subtile, pour faire glisser dans le lict de l'Empereur Trajan, qui venoit d'expirer, la personne d'Adrien,
afin de le faire adopter à l'Empire, en contrefaisant la voix
du defunt, & tromper de cette maniere tout le Senat de
Rome ; si comme on lit chez Tacite dans ses Annales, Ti-
bere Neron est entré dans le Trosne par le dol de Liuie, en
trompant Auguste & toute sa Cour, qui auoient les yeux
ouuerts, pour empescher que la fraude ne seruist de degré
pour monter au Trosne : Et si enfin les Poëtes, qui appro-
chent tousiours les choses autant qu'ils peuuent de la verité,
marquent qu'vn Promethee fut capable de rauir le feu du

Ciel d'entre les mains mefme de Iupiter, fans qu'il le veift ;
eft-ce vne chofe qui doiue paffer pour fable, & du tout im-
poffible, que des perfonnes, aufquelles la Dame de Saint
Geran fe confioit, aydez du plus fubtil & du plus mé-
chant de tous les hommes, ayent pû luy enleuer fon Enfant?

Audax omnia perpeti,
Gens humana ruit per vetitum nefas,
Nihil mortalibus arduum eft,
Cælum ipfum petimus ftultitia,

Que fi elle eft demeurée quelque temps fans éclater en
Iuftice, c'eft l'effet de la grande douleur & du crime des
rauiffeurs.

Iam vocis iam mentis inops velut affera tigris,
Fœtibus obreptis Scythico deferta fub antro
Accubat, & tepidi lambit veftigia faxi.

Qui ne fçait que la lethargie eft fouuent le premier effet des
grandes afflictions, & que par cette raifon les Peintres &
les Poëtes n'expriment d'ordinaire l'excés des douleurs
que par le filence & l'affoupiffement : C'eft ce qui fe trouue admirablement reprefenté dans l'vne des plus riches de-
fcriptions de l'Antiquité, où le Poëte faifant la peinture
d'vn petit oyfeau qui retournoit à fon nid, le bec chargé
de nourriture pour fes petits qu'il y auoit laiffez, & n'y
trouuant plus que du fang & des plumes, il le priue d'abord
de l'vfage de la voix à ce funefte fpectacle, qui ne monftroit
que des veftiges fanglans du vol qu'on luy auoit fait, & ne
luy permet d'expliquer fa douleur par fes cris, qu'aprés que
le temps luy eut rendu la force & la liberté de gemir,

Illa redit, querulæque domus mirata quietem
Stat fuperimpendens, aduectofque horrida mæfto
Excutit ore cibos, cùm folus in arbore cara
Sanguis ; & errantes per capta cubilia plumæ,

Vt laceros artus gremio miseranda recepit
Intexitque comis , non verba in funere primo
Non lacrymas habuit, tandem laxata dolore
Vox inuenit iter, gemitusque in verba soluti.

Cette raison qui a son fondement certain dans la Nature,
se trouue encore fortifiée par les principes de la Iurisprudence, qui ne prescriuent iamais contre l'estat des hommes,
soit par le silence, par la malice, par l'ignorance, ou par la
stupidité des peres & des meres, lesquels ne peuuent aucunement nuire à la legitimité de leurs enfans; mais qui sont
tous puissans pour l'asseurer, quand ils concourent à vne
mesme verité , & qu'ils en font la declaration en Iustice.

On peut encore adiouster, qu'il estoit de la prudence,
aussi bien que de la necessité , de ne pas éclater en Iustice
dans les premiers moments du soupçon, parce que l'accusation estant importante & capitale , & le crime couuert des
tenebres , il falloit attendre que le temps & la verité les eussent percées : Et quant à ce que les Dames appellantes re-
prochent, que les Sieur & Dame de Saint Geran n'ont aduoüé cet Enfant que long-temps aprés leur action com-
mencée; c'est vne marque de leur sincerité & de leur vertu tout ensemble, n'ayant pas voulu passer dans cette reconnoissance par les seuls mouuemens de la nature, qui les
ont tousiours sollicitez; mais seulement aprés que l'ayant
presenté en Iustice , la voix publique , qui est celle du
Ciel en ces occasions , & le concours de toutes les preuues , les ont obligez de le reconnoistre, semblables en ce-
cy à l'Aigle, qui n'aduoüe iamais ces petits qu'aprés les
auoir exposez au Soleil , & ne les tient pour legitimes
qu'autant qu'il les trouue capables d'en soustenir les rayons.

Paruos non aquilis fas est educere fœtus
Ante fidem Solis iudiciumque poli
Consulit ardentes , radios & luce magistra
Natorum vires ingeniumque probat.

Que pouuoit donc faire la Dame intimée qui pust satisfaire les appellantes , qui luy opposent iusques à sa propre sin-

cerité ? pour leur complaire, il falloit qu'elle détruisist son propre Enfant, qui luy est plus cher que la vie, qu'elle suffoquast par la plus insigne de toutes les brutalitez, l'vnique heritier qui reste de l'vne des premieres Familles du Royaume ; qu'elle fist cette iniure à la memoire & à la religion de son Mary mourant, que de l'accuser d'auoir commis vne imposture dans son Testament, èn reconnoissant cet Enfant ; & enfin, qu'elle se mist en abomination deuant Dieu & deuant les hommes ; c'est pourquoy la persecution ne l'épouuente pas, elle ayme beaucoup mieux auoir esté la martyre de leur auarice, que la meurtriere de son fils. Comme il n'est point de nuict si obscure que la lumiere ne dissipe, ny de mer si dangereuse, à qui la nature n'ait donné son port : Elle se promet aussi que son innocence durera plus que la tyrannie de ses ennemis, & qu'aprés auoir long-temps souffert pour l'amour de la nature, elle trouuera la consolation que les opprimez ont tousiours trouué dans la Iustice. Les Conclusions de Monsieur le Procureur General en sa faueur, luy tiennent desja lieu d'vne espece de gage sacré, que le plus iuste de tous les Roys luy donne du succés de toutes ses esperances, par la main de cet illustre Truchement de ses Oracles, lequel aprés auoir examiné, pendant treize matinées, le fonds du procés, auec vne religion digne du nom qu'il porte, & de la vertu qui l'inspire, n'a pas douté que l'Enfant ne fust la posterité legitime de tant de grands Heros, dont on veut auiourd'huy esteindre le nom par cette inhumaine suppression que l'on tasche de faire reüssir : C'est de ce nom fameux dans toutes les Histoires, duquel la Dame intimée demande la conseruation, auec toutes les tendresses que doit vne veritable Mere pour la defense de son Fils, & tous les sentimens de respect que doit vne veufue genereuse, pour soustenir la Race & la gloire d'vn illustre Mary, *Miseremini familiæ, Iudices, miseremini fortissimi Patris, miseremini Filij, nomen clarissimum, & fortissimum vel generis, vel vetustatis, vel humanitatis, causa Republicæ reseruate.*

                                                    MOYENS

MOYENS SOMMAIRES DE LA

Dame Comtesse de Saint Geran : Pour monstrer que les Dames de Ventadour & du Ludde sont mal fondées à demander que leur Requeste ciuile soit jugée prealablement au Procez Criminel. Et qu'auant proceder au Iugement diffinitif, il leur soit permis de faire la preuue contraire des faits iustifiez au Procez.

LA Cour se souuiendra, s'il luy plaist, que le feu Comte de S. Geran & la Dame sa femme, ont cy-deuant accusé Louyse Golliard, matrone de Vichy, d'auoir supprimé & enleué leur Enfant, en le receuant au monde, & que sur le procez entierement instruit par interrogatoire, recollement & confrontation, ils la firent condamner à mort au Presidial de Moulins.

Pendant l'appel de ce Iugement, lesdits Sieur & Dame de S. Geran ayans obtenu permission de publier Monitoire & d'informer de nouueau, la preuue s'augmenta, en sorte que sur le veu des nouuelles charges, la Cour decreta d'Office contre Marie Pigorreau veufue Beaulieu.

Ce decret estonna la Beaulieu, au poinct qu'elle prit Requeste ciuile, tant contre les Arrests qui auoient permis d'informer, que contre celuy de decret. Lesdites Dames de Ventadour & du Ludde se jetterent dans son party, dont elles deuindrent bien-tost les chefs, au lieu de se ranger auec leur frere & leur sœur, pour éclaircir vne verité si importante à leur famille ; elles interjetterent appel comme d'abus, de l'obtention & publication du Monitoire, appellerent conjointement auec la Golliard de la Sentence qui la condamnoit à mort, formerent opposition à l'execution de l'Arrest qui decretoit contre la Beaulieu, & ensuitte finissans par où elles deuoient commencer, don-

nerent requeſte pour eſtre receuës parties interuenantes
dans le procez.

Toutes ces appellations, Requeſte ciuile, oppoſitions &
interuentions furent portées en l'Audience, & terminées
apres vne plaidoirie de ſept matinées, par vn Arreſt celebre du 18. Aouſt 1657. qui declare la Beaulieu non receuable en ſes Requeſtes ciuiles, met hors de Cour ſur les
appellations & oppoſitions deſdites Dames, ioint leur Requeſte d'interuention au procez, & fait deffenſes à ladite
Beaulieu de deſemparer la ville & faubourg de Paris, à peine
de conuiction.

Cet Arreſt fait grace & juſtice tout enſemble auſdites
Dames de Ventadour & du Ludde; car à l'égard de leur
interuention qui n'eſtoit aucunement receuable, au lieu de
les en debouter on ſe contente de la ioindre : Et quant à
leurs appellations & oppoſitions, comme il n'y a point de
garentie ny de priſe de faict & cauſe en matiere criminelle,
la Cour ne iugea pas qu'autres perſonnes que les condamnez fuſſent parties capables d'interjetter appel d'vne Sentence de mort, & de s'oppoſer à l'execution des decrets;
Auſſi leſdites Dames de Ventadour & du Ludde, bien loin
de ſe plaindre de l'Arreſt, elles l'ont tellement executé
pendant ſix années, que meſme la Dame de S. Geran, leur
avant fait offrir depuis le deceds dudit Sieur Comte de S.
Gerran ſon mary, de les receuoir parties interuenantes au
procez criminel, elles declarerent par acte du 24. Auril
mil ſix cens cinquante-neuf, qu'elles n'y vouloient point
eſtre parties, & ſe deſiſterent de l'interuention qu'elles y
auoient formée au prejudice dequoy il eſt honteux, apres
ſix années d'execution volontaire, de les voir auiourd'huy
demandereſſes en Requeſte ciuile contre ce fameux Arreſt
d'audience, mais il eſt encore plus eſtrange que contre
toute diſcipline, elles ayent oſé demander par leur Requeſte
du quatrieſme du preſent mois de Iuin, qu'il ſoit procedé
au Iugement de ladite Requeſte ciuile prealablement à
celuy du procez criminel.

*Raiſons pour monſtrer que la Requeſte Ciuile ne peut &
ne doit eſtre iugée auparauant le procez Criminel.*

PRimò. Par Arreſt du 27. Avril mil ſix cens ſoixante-
trois, ladite Requeſte ciuile eſtant appointée au Conſeil, & iointe au procez criminel, il faudroit qu'il fuſt ſur-
uenu quelque choſe depuis cét Arreſt qui en pût cauſer
la disjonction, ce qui n'eſt pas & ne peut eſtre, veu que
leſdites Dames ont elles-meſmes conſenti la jonction, &
partant leur demande eſt toute oppoſée à vn Arreſt con-
tradictoire, rendu de leur propre conſentement.

Secundò. Par le meſme Arreſt, leſdites Dames ont declaré
qu'elles employoient ſur leur Requeſte ciuile, ce qu'elles
auoient eſcrit & produit au procez; la Dame de Saint Geran de ſa part fait auſſi vne pareille declaration : tellement
que la deffence employée par la Dame de Saint Geran contre cette Requeſte ciuile, eſtant le procez criminel tout
inſtruit, il eſt impoſſible de ſeparer dans le Iugement la demande d'auec les deffences, & ce d'autant moins que toutes
les parties l'ont auiourd'huy conſenty par Arreſt, & que leſdites Dames dans leur production ont employé en pluſieurs
endroits le procez criminel, & particulierement l'interrogatoire de la Beaulieu & celuy de la Sage-femme.

Tertiò. Pour iuger ſi leſdites Dames de Vantadour & du
Ludde ont raiſon de ſe plaindre qu'on ait jointleur interuc-
tion, & mis hors de Cour ſur leurs appellations & oppoſitiõs
par l'Arreſt du 18. Aouſt 1657. il faut de toute neceſſité que
l'onvoye ce que porte la Sentence dont elles eſtoient appellantes, quels les Arreſts auſquels elles eſtoientoppoſantes, &
quel eſt leur droit pour eſtre receuës parties interuenantes:
Or cette Sentence & ces Arreſts font tout le procez criminel, & puis que pour connoiſtre ſi elles eſtoient bien appellantes & bien oppoſantes, il faut iuger ſi la Sage-femme eſtoit bien ou mal condamnée, & la Beaulieu bien ou mal
decretée ; comment cela ſe pouroit-il faire, ſans iuger
le procez criminel en meſme temps que la Requeſte ciuile.

O ij

Quartò. Il est sans exemple & contre toutes les maximes, qu'vn ciuil, lequelon demeure d'accord n'estre qu'incident au criminel, soit iugé auparauant le criminel, qui est le principal dont le Iugement emporte toufiours le ciuil, ainsi que l'on n'en peut pas douter en cette occasion, où par vn dereglement estrange on veut commencer par la fin, & faire marcher l'incident & l'accessoire auparauant le principal : comme s'il estoit permis de douter, que dans les causes où il s'agit de l'estat & de la condition des personnes, il ne falluft toufiours commencer par le iugement de la question de la filiation, quand mesme elle ne seroit qu'incidente, au lieu qu'icy elle est la premiere & principale, suiuant cette maxime ordinaire, que les personnes estant plus nobles que les biens, on doit commencer par le plus noble, ainsi qu'il est decidé par la Loy, *Procuratorem. ff. de am. vel acq. hered. nam persona cum sit dignior, trahit ad se considerationem bonorum* , & c'est ce que la Dame de Saint Geran a plus amplement traitté dans son Factum *in quarto page* 141. 142. & 143.

Quintò. Il ne s'agit & ne se doit pas agir presentement de la succession ny des biens ; mais seulement du crime de l'accusation ; en effet, quand le Sieur Comte de S. Geran n'auroit point laissé de biens, & que sa succession seroit abandonnée, il ne faudroit pas laisser de iuger le procez criminel, pour sçauoir si les accusez sont coupables ou non, & si l'Enfant appartient au feu Sieur Comte de S. Geran, & l'interest ciuil desd. Dames de Ventadour & du Ludde ne peut naiftre qu'apres le Iugement du procez criminel ; car si la Cour iuge que l'Enfant ait esté enleué, & que ce soit celuy qui est aujourd'huy reclamé par la Dame de S. Geran, elles font sans interest ; au lieu que s'il n'y a point d'Enfant, leur qualité d heritieres est certaine, tellement que c'est absolument par le Iugement du procez criminel, que leur droict doit estre connu, & cependant elles veulent qu'auparauant mesme ce Iugement non seulement on les reçoiue parties, mais encore qu'on iuge leur Requefte ciuile auant toutes chofes ; quoy que leur vray personnage dans cette affaire, ne soit que d'atendre à la porte de la Chambre le Iugement du procez criminel, pour sçauoir si elles auront interest ou non dans la fuccession, & qu'elles ne soient receuës parties

interuenantes que pour voir seulement qu'il ne se passe rien
collusoirement à leur prejudice , & non pour attaquer &
combattre vne verité prouuée , & deffendre des coupables,
contre l'honneur & le salut de leur propre race.

Sexto. Lesdites Dames de Ventadour & du Ludde n'a-
gissans & ne paroissans qu'en qualité de pretenduës heritieres dudit feu Sieur Comte de S. Geran ; Il est iuste & necessaire auparauant toute chose de fonder leur qualité , parce
que les qualitez sont la base de toutes les actions legitimes :
Or cette qualité d'heritieres ne se pourroit mesme establir en
leurs personnes que par le iugement du procez criminel ,
parce que si l'Enfant est declaré fils du deffunt, elles n'auront point de qualité , & par consequent c'est vn paradoxe
éuident, de pretendre qu'on puisse iuger leur Requeste ciuile auparauant le procez criminel d'où d'epend toute la
question de l'estat.

Septimò. Lesdites Dames n'ont pas pris garde en donnant
cette Requeste, que par leur nouueau Factum, sur le milieu
de la page seconde, elles disent pour moyens de Requeste ciuile, que le procez criminel est vn dol & vne fraude du
Sieur & Dame de S. Geran , auec la Sage-Femme & la
Beaulieu. Or comment peut-on iuger si ce procez criminel est vn dol & vne fraude, qu'en iugeant ce procez qui
fait mesme vn de leurs moyens de Requeste ciuile par leur
propre aducu?

Raisons pour faire voir que lesdites Dames sont mal
fondées , & qu'il y a de la temerité à demander
qu'il leur soit permis de faire preuue des
faicts par elles articulez.

Primò, Elles sont non receuables, n'ayans point de qualité establie, & n'en pouuant auoir que par le iugement
du procez criminel.

Secundò , Lesdites Dames ayant presenté Requeste le
7. Ianuier 1661. aux fins de cette preuue , elle a esté
appointée & iointe par Arrest de leur propre consente-
ment.

Tertio, Ce seroit sous le nom de parties ciuiles qui n'ont point encore de tiltre certain, admettre des accusez & des condamnez en leurs faicts iustificatifs ; Car que deuiendroit la condamnation contre la Sage-Femme & contre la Beaulieu, fondée sur leur propre interrogatoire, & la deposition de plus de cent tesmoins qui ont esté recollez & confrontez? Si lesdites Dames estoient admises à la preuue, elles corromproient deux faux témoins, qui diroient que la Dame de Saint Geran ne seroit pas accouchée. La Cour en voit la consequence infinie, & la temerité de cette estrange pretention.

Quarto, Si la Dame de S. Geran prouue sa grossesse & son accouchement dans le procez criminel, il seroit injuste & contre toutes les regles, apres la preuue de cette affirmatiue, de rapporter vne preuue de la negatiue, qui ne seroit pas receuable pour les raisons que ladite Dame a plus amplement establies par ses escritures & dans son Factum page 84. iusques à 98. inclusiuement.

Quinto, Il faut considerer qu'en cette occasion les accusez & les parties ciuiles n'ont qu'vn mesme fondement & vn mesme principe de deffence ; Sçauoir qu'il n'y a point eu d'accouchement ny de suppression de part. Or quand le poinct d'vne deffence commune est renuersé, à l'égard des accusez qui combattent pour leur honneur & pour leur vie, Est-ce qu'il ne l'est pas à l'égard d'autres personnes qui n'y ont mesme point de veritable interest formé ? & la confession iointe à la fuitte des accusez, & à la deposition de tant de témoins recollez & confrontez, se pourroit-elle ruïner par la subornation de deux faux témoins gagnez par des personnes puissantes, au préjudice de la faueur d'vne cause d'Estat, qui est la plus priuilegiée & la plus recommendable de toutes les causes ?

Sexto, Lesdites Dames ayans eu toute l'intelligence & le commerce possible auec les accusez, iusques à s'estre renduës appellantes & opposantes en leur faueur, & toute la France les ayans ouy declamer contre les Sieur & Dame de S. Geran, pendant deux ou trois audiances entieres, & employans encore à present lesdits procez criminels ; Peut-on dire pour elles auec quelque pudeur, qu'elles n'ayent pas eu de part en ce procez criminel, & qu'aujourd'huy seulement elles commencent d'entrer en lice à l'effet qu'on les considere comme des personnes qui viendroient de loin & qui n'auroient iamais entendu parler de ce procez, auquel elles auroient seulement part depuis peu de iours.

La Cour se souuiendra, s'il luy plaist, qu'elles ont toûjours deffendu les accusez, qu'elles les ont soustenus de leur credit & de leur bourse, aussi bien que de leur propre interuention; & qu'aujourd'huy cette affaire n'est point nouuelle à leur égard, puis qu'elles s'y sont renduës parties dés le viuant du Sieur de S. Geran; l'action qu'elles forment à present, estant toute la mesme que celle qu'elles formerent alors, & fondée sur les mesmes raisons, quoy que maintenant elle ne soit pas si anticipée qu'elle l'estoit en ce temps-là; & ainsi c'est chose insupportable, qu'apres auoir fait toutes sortes d'efforts en l'audience des accusées, on veuille encore par ce nouuel artifice les tirer du supplice, en faisant dire par deux ou trois témoins qu'elles seront innocentes.

Enfin la Cour considerera s'il luy plaist, qu'il y a vingt deux ans que la Dame de S. Geran souffre la plus cruelle de toutes les persecutions pour la plus iuste & la plus innocente de toutes les actions; & que ce procez ayant merité de la bonté du Parlement & de sa compassion, qu'il suspendit toutes les autres affaires particulieres pour s'appliquer à celle-cy, C'est abuser de sa patience, que de chercher par ces stratagemes si honteux à la prolonger & la rendre immortelle.

C'est neantmoins l'vnique objet desdites Dames, elles n'ont point d'autre but; & si la Dame de S. Geran arreste, comme la raison & la Iustice luy font esperer, cette derniere goutte de poison, que ses parties veulent répandre pour suffocquer par vn interlocutoire ce petit reste de force que sa vertu luy a conseruée, & qui n'est plus animée que de l'esperance qu'elle a en Dieu & en l'integrité de ses Iuges; La victorieuse par les armes de la Iustice dira iustement à l'honneur de ce Souuerain Tribunal, & à la confusion de son ennemie,

Hîc cecidere minæ, tumefactaque frustra
Colla sedent, irasque sui bibit ipsa veneni.

BILAIN.

POVR LA DAME COMTESSE
de Saint Geran.

ENfin, ce fameux procés qui dure depuis tant d'années, est aux opinions, malgré tous les stratagémes de ceux qui le vouloient rendre immortel ; & ce seroit vne espece de sacrilege d'interrompre par des discours inutiles ce sacré commerce où sont maintenant les Iuges, auec l'esprit de Dieu, pour former par ses inspirations vn Arrest, qui apprenne à toute la terre que la Nature & la Verité ont vne Sauue-garde asseurée, & que l'opiniastreté de leurs ennemis ne sert qu'à releuer leur triomphe.

Iusques icy les Dames de Ventadour & du Lude n'ont trauaillé qu'à détruire les preuues d'vne Naissance qu'elles mesmes auroient interest d'establir, pour empescher l'extinction & l'aneantissement du Nom illustre de leurs Ancestres. Elles ont employé douze années entieres à ce pernicieux dessein ; & s'estant espuisées de toute sorte d'artifices, elles ont seduit & fait venir de basse Normandie le nommé Boisset, Iuge du village de la Haye-du-Puy, qui a esté Agent des affaires du defunt Sieur de Saint Geran pendant plusieurs années, & mesme de celles de la Dame sa femme depuis sa viduité : pour à la faueur de ce perfide & infidele seruiteur, trouuer de nouuelles inuentions & des chicannes que Paris ne leur pouuoit pas fournir, & qui ne deuoient partir que d'vne ame basse & corrompuë : Mais la Dame de S. Geran par ses contredits de la production nouuelle, que lesdites Dames de Ventadour & du Lude ont fait imprimer sous le nom de Factum, a si clairement fait voir les impostures de cet ingrat Solliciteur, qui s'est donné la licence d'alterer les depositions des témoins, pour les faire quadrer à son sens reprouué, qu'elle ne se doit pas mettre en peine de le confondre par de nouuelles raisons, ny répondre à cette profusion de paroles & de Factums, qu'il n'a affecté que pour semer des scrupules malicieux, & moissonner s'il

pouuoit

pouuoit, vn Interlocutoire qui luy donnaſt de l'employ
pour autant d'années qu'il y en a que ce procés dure. Il
ſemble que les Dames de Ventadour & du Lude ne voyent
pas, que ſans bleſſer l'honneur du Parlement, elles ne peuuent ſe flatter d'vne eſperance ſi vaine, qu'aprés trente Aſſemblées des trois Chambres, vn temps ſi precieux ne pro-
duiſiſt que de nouuelles matieres de procés; & elles ſe trom-
pent infiniment, d'eſperer quelque fruit de l'obſcurité
qu'elles s'efforcent de faire naiſtre, puis qu'elles ne peuuent pas faire balancer par des doutes imaginaires, les veritez conſtantes qui ſont au procés ; eſtant meſme certain,
que dans les queſtions d'eſtat & de liberté, le doute ſe reſout toûjours pour l'eſtre, & contre la ſeruitude.

En effet, pourroit-on comprendre qu'vn eſtat ſi bien
eſtably que celuy de Meſſire Bernard de la Guiche, qui a
eſté reconnu par ſon Pere, qui eſt demandé par ſa Mere,
qui a l'honneur d'eſtre veu de ſon Prince, reclamé par Monſieur le Procureur general, que les Reynes protegent, que
la Cour eſtime, que les vœux & la voix publique deſirent,
puiſſe receuoir quelque atteinte au milieu de tant d'aziles,
n'eſtant attaqué que par l'auarice de deux heritieres colla-
terales, qui ne ſe ſoucient pas de faire perir leur race, &
d'oſter à la France la poſterité de tant d'Heros, que le nom
de la Guiche a produit, pourueu qu'elles en recueillent le
debris.

Certes, il auroit eſté plus auantageux à ce Gentilhomme que cette infame Matrone & le Marquis de Saint Maixant l'euſſent eſtouffé en naiſſant, lors qu'il n'eſtoit point
encore connu ny reclamé, que de le ſuffoquer auiourd'huy
entre les bras de ſa Mere & de ſes Iuges à l'âge de vingt-
deux ans; quand il ſent ſon courage & ſes forces, & qu'il
paroiſt en luy cette noble ardeur du ſang dont il eſt iſſu.

La Cour conſiderera, s'il luy plaiſt, que pour accorder
aux Dames de Ventadour & du Ludde leurs pretentions, il
faudroit feindre que le Sieur Comte de Saint Geran qui a
inſtitué Meſſire Bernard de la Guiche ſon heritier vniuer-
ſel, comme ſon fils, fuſt expiré dans l'impoſture, que la
Dame ſa veufue perſeueraſt dans le crime horrible d'vne
ſuppoſition, que cent quarante-cinq témoins qui ont eſté

recollez & confrontez, ayent commis vn menſonge effroyable pour perdre les accuſez ; que les Iuges de Moulins qui
ont condamné la Sage-famme , ayent preuariqué à leur
honneur & à leur conſcience, que cette cruelle Matrône
aye pris plaiſir à perdre la vie par vne mort infame , en
confeſſant la verité de ſon crime ; que la Beaulieu, aprés
auoir impudemment ſouſtenu que l'Enfant de queſtion luy
appartenoit, ſe ſoit elle-meſme exilée ſans cauſe ; & qu'enfin la fuitte & la confeſſion des coupables ſoient inutiles
dans le Iugement du procés , & pour l'éclairciſſement.de
la verité. Au lieu que pour ſatisfaire aux iuſtes demandes
de la Dame de Saint Geran , il ne faut que ſuiure les ſenti-
mens de la nature & les mouuemens ordinaires de la Iuſtice,
qui incline touſiours en faueur de l'eſtat & de la verité , &
qui ne permet pas qu'vn pere & qu'vne mere ſoient troublez par l'auarice des Collateraux dans la reconnoiſſance
de leur enfant.

Il n'y a point de perſonne deſintereſſée, qui faiſant reflexion ſur les deſſeins funeſtes des Dames de Vantadour &
du Lude , n'en conçoiue de l'indignation quand il conſiderera , que pour l'intereſt des biens elles perſecutent ſi cruellement vne Sœur, dont toute la France eſtime la vertu , &
qu'elles le precipitent, autant qu'il leur eſt poſſible, dans
vne mort certaine & infaillible ; car on ne peut pas douter ,
que cette Dame attenuée de vingt-deux années de douleurs continuelles , ne ſeroit pas capable de ſuruiure la perte
de ſon fils, & que ce meſme fils ne pourroit pas auſſi ſuruiure à la ruine de ſon eſtat, qui luy paroiſt aſſeuré par tant
de preuues inuincibles.

Mais ſi leur auarice peut exciter de l'horreur, la genero-
ſité & la conſtance de la Dame de Saint Geran doit en meſme temps attirer les ſuffrages publics en ſa faueur ; puis que
ſans intereſt que celuy de la verité, & au preiudice de ſon
repos, elle s'eſt faite la victime volontaire de l'amour & de
la pieté maternelle, pour defendre vn fils que le Ciel luy a
donné , & qu'elle eſpere que la Iuſtice luy conſeruera.

B I L A I N.

www.ingramcontent.com/pod-product-compliance
Lightning Source LLC
LaVergne TN
LVHW020707200726
843508LV00002B/922